IRONY AND SARCASM
ROGER KREUZ

「皮肉」と「嫌み」の心理学

ロジャー・クルーズ＝著

小泉有紀子＝監訳　風早柊佐＝訳

JN016195

IRONY AND SARCASM
ROGER KREUZ
「皮肉」と「嫌み」の心理学

シリーズ序文

　マサチューセッツ工科大学出版局エッセンシャルナレッジシリーズは，今注目を集めている話題をわかりやすく簡潔にまとめ，美しく装丁して読者にお届けします。一流の思想家を著者に迎え，本シリーズでは文化・歴史から科学技術まで，多岐にわたる分野について，専門家による意見をまとめています。

　欲しい時にすぐに情報が手に入る今の時代，さまざまな意見やそれらの正当化，そして，表面的な解説を見聞きするのは簡単なことです。しかし，それよりはるかに難しいのは，世界を本質的に理解する際のよりどころとなる基礎知識の習得です。エッセンシャルナレッジの書籍は，このニーズにお応えします。専門的なテーマを一般の読者にも理解できるようにまとめ，基礎知識を通して重要な話題に関心をもたせます。コンパクトにまとまったシリーズ本を一冊一冊読み進めることで，読者は複雑な概念を理解する出発点に立つことができるでしょう。

マサチューセッツ工科大学

生物工学および情報科学教授

ブルース・ティダー

序　文

　本書では，ある厄介な単語の歴史を取り上げます。「アイロニー[*1]」とは，誰もが用い，理解しているように思える用語でありながら，その概念の定義づけが難しいことで知られています。1994年のラブコメディ映画「リアリティ・バイツ」でウィノナ・ライダーが演じた主役が，アイロニーの定義を答えられなかったせいで仕事の面接に失敗したのと同じように，わたしたちもその単語を見ればわかるものの，どういうものかを明確に説明するのには難儀します。さらに，この単語はどうやら複数のまったく異なる意味でも用いられているようです。だからといって辞書で調べなさいという母親のアドバイスに従ってみたところで，余計に混乱してしまうだけでしょう。

　アイロニーが単独でいることは少なく，「サーカズム[*2]」という，いわくつきの親類と一緒にいることが多いといえます。とはいえ，この二つの関係性は判然としません。「サーカズム」は，アイロニーの意地の悪い双子のきょうだいと考えることも

[*1]　irony。「皮肉」と訳されることが多いですが，これから見ていくように，日本語の「皮肉」では捉えきれない多様な意味合いをもつため，本書ではあえて「アイロニー」とカタカナで表記しています。

[*2]　sarcasm。「あてこすり」「嫌味」「皮肉」などと訳されることが多いですが，必ずしも否定的な意味にならないこともあり，多様な意味合いをもつため，本書ではアイロニーと同様にカタカナで表記しています。

できるでしょう。きょうだい，または単にいとこと表現するほうがもしかしたら合っているかもしれません。ユーモアと同時に意地悪な面をあわせもっているという点で，サーカズムにはちょっとした二面性があります。『サイコロジー・トゥデイ』誌において，サーカズムは「親密な関係を壊す最大要因のひとつ」と特徴づけられています。一方，『ワシントン・ポスト』紙に掲載された最近の記事では，多くの人が恋人に求める要素としてサーカズムが挙げられていました。また，サーカズムは機知の最低の形であり，知性の最高の形だといわれることもあります。オスカー・ワイルドがたびたび示したとされる考え方です。皮肉にも，彼の発表された作品のなかにこの格言が出てくることはありません。とはいえ，たしかにサーカズムの陰と陽がうまくとらえられているといえます。

　ニュースや大衆文化で，これら2語の意味に混乱をきたしている事例をよく見かけます。「これはアイロニー（皮肉なこと）じゃないか？」というフレーズ入りのツイートを投稿したアメリカの大統領は，使い方が間違っていると嘲笑の的となりました。また駐モスクワのアメリカ大使館の職員削減に関してロシアに感謝を述べたことを非難された際には，あれはサーカズムだったと主張していました。北朝鮮の独裁者は，国民にアイロニー的に同調されているだけなのではないかと懸念して，彼本人や政府に対するサーカズムを禁じたとされています。あるアイロニーについて歌った楽曲は，歌詞のなかで挙げている例がアイロニーに

アイロニーが
単独でいることは少なく，
「サーカズム」という，
いわくつきの親類と
一緒にいることが
多いといえます。

なっていないと冷笑されました。また，大人気テレビ番組のある登場人物は，優秀な物理学者でありながら，どうにもサーカズムが理解できないという設定のようです。要するに，アイロニーとサーカズムの不確かさはいたるところで見られるというわけです。

　後述するように，「アイロニー」という用語は時代とともに多くの異なる事象に適用され，またひとつのラベルとして多くの新たな意味を受け入れるべく拡大解釈されるようになっていきました。しかし，それらはすべて本当に同じ概念の下にあるのでしょうか。サーカズムや偶然の一致，パラドックス，風刺，パロディといった関連ある概念とアイロニーは，具体的にどう異なるのでしょうか。

　哲学者のルートヴィヒ・ウィトゲンシュタインは，あるひとつのカテゴリーに属するもの同士は家族的類似を有しているといえるのではないかとの考えを打ち出しました。つまり，血のつながっていない他人よりは，家族同士のほうが互いに似て見えるということです。しかし同じ家族でも，全員が同じ鼻や耳やあごをしているわけではありません。身長や体格が皆一緒なわけでもありません。それでも似ているところが少しずつ重なることで，総じて見れば，それぞれが特定の家族の一員であると強く示唆されるのです。

　もともとウィトゲンシュタインは，「ゲーム」のような厄介な概念を理解するために，この家族的類似という考えを用い始

めました。プレーヤー数，ルール，用具，得点方法などがまるでばらばらにもかかわらず，わたしたちはソリティアもポーカーもチェスもフットボールも，同じゲームというカテゴリーに属するものとしています。同様の論理をうまく応用すれば，さまざまな形態をとるアイロニーの概念も解き明かすことができるかもしれません。またこの方法は，アイロニーに関連すると考えられる現象を識別するためにも役立つかもしれません。

　家族的類似は，たとえば，なぜある特定の状況や言葉の組み立てがアイロニーといえるのかを理解する助けとなるでしょう。それからパラドックス，風刺，パロディといったアイロニーではない現象がときどきアイロニーの家族とみなされる理由も，これで説明づけられるかもしれません。ウィトゲンシュタインによると，あるカテゴリーに属するかは絶対的ではなく，確率的なものです。そのため，カテゴリーの一員でなくても，その概念を特徴づける特性をいくつかもっている場合には誤認が起こりやすくなります。本書の目的のひとつは，アイロニーという概念の家族的類似を構成する特性を明らかにすることにあります。

　また本書では，アイロニーとサーカズムについて行われている実証研究についても概説します。特にサーカズムは，コミュニケーションおよびミスコミュニケーションの多くの重要な側面を明らかにするとして，実験心理学者や言語学者たちの研究テーマになっています。なぜ人々はそのような方法で自己表現

することを選ぶのでしょうか。そして，その意図をどうやって伝えようとするのでしょうか。これらがわかれば，言語や行動に対するわたしたちの理解ははるかに豊かになることでしょう。

　アイロニーの物語は濃密で，興味が尽きません。それは古代ギリシア哲学から，古代ローマの修辞学，近代文学批評，メディア研究にまで及びます。またそれは進化と適応を繰り返し，口語の修辞的表現から紙媒体やインターネット上へと形を変えてきました。そのありようは，常に賛否両論を浴び続けています。つまり，アイロニーのもつ多面性から，わたしたちは人間であることの意味を大いに学ぶことができるのです。

　　　　　　　　　　　　　　　　ロジャー・クルーズ
　　　　　　　　　　　　　　　　2019年3月
　　　　　　　　　　　　　　　　テネシー州メンフィスにて

謝　辞

　約30年にわたり，言葉のアイロニーやサーカズムについて友人や同僚たちと交わした会話から，わたしは多大な恩恵を受けてきました。ハーブ・クラーク，サム・グルックスバーグ，ジェフ・ハンコック，アルバート・カッツ，ペニー・ペックスマンには特に感謝の意を表したいと思います。また，わたしと一緒にアイロニーの研究をしてくれた元および現大学院の教え子，ジーナ・カウッチ，ミーガン・ドレス，アレックス・ジョンソン，マックス・カッスラー，デイヴィッド・コヴァッツ，クリステン・リンク・ローガン，デビー・ロング，モニカ・ライアダン，リチャード・ロバーツにも，とても感謝しています。アレックスとジーナとリチャードは，本書の原稿を読んで案を出してくれたり，丁寧に訂正してくれたりもしました。もっと彼らの助言に従っていたほうがよかったかもしれませんね。

　それから，アイロニーを主題にした本を書かないかと提案してくれたMITプレスのフィル・ラフリンにもお礼を述べたいと思います。フィル，あなたのいつも変わらないサポートにとても感謝しています。わたしの原稿を見事に編集してくれたウィリアム・ヘンリーには，賛辞を贈らずにはいられません。最後に，匿名でレビューをしてくれた4名の方々，事細かで有益

なフィードバックをありがとうございました（もちろん，サーカズムではありませんよ）。

第1章

はじめに

"文字どおりではない言葉"が意味するもの

　人はアイロニーやサーカズムを使って，文字どおりの意味ではないことを言おうとします。学者のあいだでは，この「文字どおり」という用語の意味についても議論がありますが，ここでは単純で直接的，曖昧さのない言葉と定義するくらいで十分でしょう。文字どおりのメッセージの場合，理解すべき文脈もなければ，察しなければならない隠れた動機や意図もありません。メッセージはメッセージ，2足す2は4です。

　一見すると，文字どおりの言葉は明快でわかりやすく，誤解されることも少なくて，コミュニケーションの理想の形に思えるかもしれません。しかし，もし皆が文字どおりの言葉だけを使ったら，ニュアンスやほのめかし，ユーモアや詩的表現の欠けたコミュニケーションになってしまいます。わかりやすくはあるけれど，ひどく退屈なものになるでしょう。バラエティ番

もし皆が文字どおりの
言葉だけを使ったら，
ニュアンスやほのめかし，
ユーモアや詩的表現の
欠けたコミュニケーションに
なってしまいます。

組などで見られるように，文字どおりではない表現は，人生の，そして言葉のスパイスなのです。

　結局のところ言葉のアイロニーとは，文字どおりの意味から逸脱した，はるかに大きい言語形式群の一例にすぎません。こうした修辞的もしくは文字どおりではない言葉は，数千年にわたり研究の対象とされてきました。かつてそれは詩や文学批評の領域でしたが，最近では認知科学者や計算言語学者の研究テーマにもなってきています。これらの表現は総じて「言葉のあや（figures of speech）」と呼ばれ，現代的な分野としての修辞学法（レトリック）の重要部分を成しています。このように変化に富んだ歴史であるがゆえに，これらの言語が取り得るさまざまな形を整理分類するためにおそろしく濃密で難解な語彙が発達してきたのです。こうして何十，あるいは何百に及ぶかもしれない言葉のあやの記述，研究が試みられてきました。

　幸い，本書ではこれらの表現すべてを考察する必要はありません。頭韻法（とういんほう）など多くの修辞技法は，本来装飾的なものです。「運命のいたずら（the fickle finger of fate）」を，「運命の移り気（the capricious nature of destiny）」と言い換えても，さほど意味は変わりません。しかし，前者の表現ではfの音が反復されることにより，このフレーズが印象深く記憶に残りやすくなります。

　本節のねらいは，話し手の文字どおりの意味から逸脱した，文字どおりではない言語形式のみに注目することです。この

「文字どおりではない」という点が，これらの言語形式と言葉のアイロニーに共通する特性であり，アイロニーでもよく使われています。というわけで，さらに話を先に進める前に，アイロニーとよく結びつけられる言葉のあや的な表現について説明しておいたほうがよいでしょう。

まずは"隠喩（メタファー）"から。「あの講義は睡眠薬だった」といった発言は，文字どおりには真実ではありません。なぜなら，話は薬ではないからです。ですが，「眠気を引き起こすもの」という睡眠薬の顕著な特性を講義の概念に当てはめることで，講義がこのうえなくうんざりする退屈なものだったと指摘するのであれば，この文章は意味をなします。メタファーの場合，こうしたたとえは暗示的に行われます。"直喩"を使っても同様のことができますが，その場合のたとえは「あの講義は睡眠薬の・よ・う・だ・っ・た」といったように明示的になります。

別の言い方で，より恣意的に物事をほのめかすこともできます。色を使った"慣用句（イディオム）"の例を二つ挙げると，「街を赤く染める（paint the town red）」，「黄色い腹（yellow belly）」という表現があります。それぞれ「パーっと街に繰り出す」，「臆病者」という意味ですが，表現そのものと表現される対象に明白な関係性がないにもかかわらず，結びつけて考えられるようになりました。似たような表現法で，「ヒナギクを押しあげる（pushing up daisies）」，「ほこりをかむ（bite the dust）」，「農場を買う（buy the farm）」などのフレーズは"婉曲表現"とい

い，死のような愉快ではない話題を直接口に出さないようにするために用いられます。

「AはBである」や「AはBのようだ」と言う以外にも，文字どおりではない言葉で事実を伸縮させて表現できることがあります。つまり，ある種の言葉を使うと，物事の規模や時間の長さなどの特徴を実際より大きくしたり小さくしたりできます。たとえば，のどがからからのレストラン客がその窮状を語るときに，ウエイターが水をもってくるまで「100万年」も待った，と言ったりします。この文字どおりではない言語形式には，"誇大表現"，"誇張法"などのさまざまな呼び名があります。その逆もまたよく用いられる方法です。実際には列車が何時間も遅延しているのに，「予定よりちょっと遅れているね」と言う場合は，"控えめな表現"をしているといえるでしょう。このような文字どおりではない言語形式は，"抑言法"や"緩叙法"とも呼ばれます。

それから，実際には質問ではない質問というのがあります。「ここ，暑くない？」といった発言は，文字どおりには気温に対する意見として機能します。しかし，しばしばこのような発言は，誰かに窓を開けるなどの何かしらをしてほしいと頼む意図があります。英語のような言語では，「何時だかわかりますか（Do you know what time it is?）」や，「マスタードを取ってもらえますか（Can you pass the mustard?）」などの"間接依頼"を使うと，礼儀正しく命令することになります。ほか

にも,表向きだけの質問として,「きみはいくつだ? 3歳か?」とか,「いったい自分を誰だと思っているんだ?」といった"修辞的疑問文"もあります。この場合,話し手は不満やいらだちを表しており,おそらく謝罪以外の返答は期待されて(あるいは望まれて)いません。

　もうひとつの文字どおりではない言語形式としては,文字どおりの意味とは逆のことを言う"反語法"があります。これには言葉のアイロニーやサーカズムの多くの例も当てはまりますが,この二つの用語は同義語ではないことに注意しておかなければなりません。アイロニー的発言は,言葉と逆のことを意味するものばかりではないのです。この点については,後述します。加えて,反語法のすべての用例がアイロニー的なわけでもありません。たとえば,ある人が共感力の高い同僚に愚痴をこぼしたら,相手が「その話,聞かせて(Tell me about it.)」と返事したとします。このとき相手は本当は逆のこと(つまり,その話はしなくていい,十分わかったという意味)を意図しています。ですが,この反語法にアイロニーの要素はありません。相手は,同感の意や連帯感を表すために慣例的な言い方を使っているだけです。同様に,「悪くないね!(Not bad!)」を見ると,これは,ある物事をかなりよいと言うときの決まった表現です。「悪くないね!」や,それと似たような表現をアイロニーと考えるのは妥当ではなく,反語法や控えめな表現,あるいは決まり文句の例と考えるほうが正確でしょう。のちの章で

見ていくように，真のアイロニーには別の前提条件や意図が伴うものなのです。

「アイロニー」と「サーカズム」の定義とは？

辞書とは：真理だとして書かれた意見がアルファベット順に並べられているもの
—— ジョン・ラルストン・ソウル，『疑り深い人のための手引書』（1994）

　次章で見るように，"アイロニー"という用語とその多様な形態は，長い年月とともに数多くのさまざまな概念を示すのに用いられてきました。これらの意味の区別は時にたいへん小さく，また変わる可能性もあります。そのため，好奇心旺盛な読み手や慎重な書き手が辞書のような参考図書に指針を求めるだろうことはたやすく想定できます。プロの著述家やジャーナリストはさらに一歩進んで，雑誌や新聞といった特定の出版物での使用方法をまとめた本，つまりスタイルガイドを調べたりもするかもしれません。こうした参考図書は概してとても有用ですが，アイロニーのような不安定な概念の場合は，掲載されている手引きの量にかなりのばらつきが見られます。このように違いが出る理由のひとつには，これらの参考書の目的についての考え方をめぐって競合する二つの学派が関係しています。
　たとえどれだけ漠然としていようと，誰しもが話し言葉や書き言葉の適切な使い方についてある種の直感をもっているもの

です。この感覚からわたしたちは，標準的な正しい言語形式は辞書などの参考書に成文化することが可能だと信じるようになっています。この点について強い意見をもっている人々を規範主義者といいます。彼らは，言葉の正しい用法についてはっきりと宣告することこそが辞書の目的だと信じています。この見方からすると，辞書編纂者の務めとは，何が正しく標準かを規定し，文法に合わないもの，方言や口語やそのほか標準的ではないものを排除するということになります。

　20世紀半ばまでに編纂された辞書は概して規範主義的な性質をもち，非標準的とされた用法はそのように明確にラベルづけされていました。hopefully の従来の扱われ方などが，よい例でしょう。この語の正しい用法は，"She stared hopefully at the instructions.（彼女は期待いっぱいにその説明書を見つめた）"のように，「期待をもったやり方で」という意味の副詞と定められていました。一方で，「〜を期待する，願う」という意味の離接詞——"Hopefully, she will read the instructions.（願わくは，彼女が説明書を読んでくれるといいのだが）"など——としての用法は標準ではなく，避けるべきと考えられてきました。このように区別することの明らかな問題点は，hopefully を離接詞として用いるといった多くの非標準的な用法は非常に普及しており，大勢の教養ある人々にも使われているということです。

　言語学の分野では変化が起こり，研究者たちは違った方向性

をとるようになりました。多くの言語学者は，人々がどう言ったり書いたり<u>すべきか</u>を定めるというよりも，言葉がどう<u>実際に使われているか</u>，その用法がどう変遷してきたかを記録し，記述することを目標にすべきだと考えています。この立場は記述主義と呼ばれ，規範主義に傾倒する人々からは忌み嫌われています。記述主義とは言語に対する責任の放棄であり，主観性と相対主義の力への屈服であり，純粋な言語形式を堕落させようとする無教養な人々への降伏であると，規範主義者たちは主張しています。

　規範主義者と記述主義者のあいだの論争によって，辞書編纂者は気まずい立場に立たされています。辞書編纂者は言語の門番としての従来どおりの役目を続けて，用法に対して「ボール！」「ストライク！」などと叫ぶべきなのでしょうか。それとも，言葉を変わりゆく生き物として受け入れるべきなのでしょうか。つまり，彼らは自分たちを審判と生物学者，どちらだと考えるべきなのでしょうか。

　より記述主義的な辞書編集への第一歩を踏み出したのは，アメリカ英語の網羅的な参考図書を早くから発行していたジョージ＆チャールズ・メリアム社でした。1934年に刊行された同社の『新国際辞典』は，伝統的な規範主義の辞書でした。そこから数年かけて改訂版が準備され，1961年についに『ウェブスター新国際辞典第3版』が刊行されると，大論争が巻き起こりました。以前の版にあった「口語的」や「不適切」などの用法

の注釈が多く削除されていたこともあって，規範主義者たちは
新版が過度に寛容的であるとみなしたのです。この批判を受け，
『アメリカン・ヘリテージ』誌の発行元が，こうした過ちを是
正するためにメリアム社の買収を試みました。その努力は実を
結びませんでしたが，代わりにライバル辞書『アメリカン・ヘ
リテージ英語辞典』の誕生へとつながり，初版が1969年に刊
行されるに至りました。メリアム社の辞書とはきわめて対照的
に，『アメリカン・ヘリテージ英語辞典』では著名な作家，編
集者，学者からなる用法の識者委員会が招集され，彼らの調査
に基づく数百にも及ぶ用法の注釈が掲載されました。そのほか
の辞書出版社の参考図書はいずれも，記述主義と規範主義のア
プローチの中間をとっています。

　結果，アイロニーのような言葉についての手引きには，辞
書によってかなりの違いが出ることになりました。『アメリカ
ン・ヘリテージ英語辞典』で「アイロニー」を調べると，まず
いくつかの定義があり，そのあとに識者たちによるデータを伴
う200近い用法の注釈を見ることになります。『ランダムハウ
スウェブスター大辞典第2版』(1987)には，アイロニー，サ
ーカズム，風刺を区別する広範な注釈が掲載されている一方で，
専門家の名を冠した用法の提案はいっさいありません。またメ
リアム社(現メリアム＝ウェブスター社)の参考図書の多くに
は実際の使用例が載っていますが，それ以上の手引きはほとん
どありません。

　では，英語辞典のなかでも最も網羅的な，複数巻からなる『オックスフォード英語辞典』はどうでしょうか。本辞典の初版は，1884〜1928年の約45年にわたり分冊して出版されました。1989年に新たなデータ4巻分を含む第2版が刊行され，さらに1990年代には3巻の補遺版がつくられました。2000年に入り，全編見直しとなる第3版（オンライン版のみ）の編纂が開始されました。こうした歴史は，『オックスフォード英語辞典』におけるアイロニーの扱われ方を考察するうえで重要です。なぜなら，invalidからJewまでの語を掲載した，つまりアイロニー（irony）が含まれる巻が初めて刊行されたのは，1900年12月だったからです。ということは，1989年版――ほとんどの図書館に所蔵されている20巻セット――に書かれている『オックスフォード英語辞典』でのアイロニーの概念のとらえ方の中枢部分は，優に1世紀以上も前のものになるわけです。そこには文学作品からの実例が多く掲載されていますが，用法の手引きはありません。1993年の補遺版では，劇的アイロニー（34ページ参照）の定義と例が追加されています。現在の有料オンライン版では2013年の徹底的な全面見直しを受け，「この用語の正確な用法は時代とともに変化しており，いまだ多くの議論の対象となっている」と認めることから始まる用法の注釈が添えられました。

　『ニューヨーク・タイムズ』紙やAP通信などが発行しているスタイルガイドは，アイロニーや関連する用語の扱いについ

て何か役立つ提案をしてくれているでしょうか。これらのスタイルガイドは，ある用字用語ルールを定義したり，ある決まった標準規格を提唱したりするわけですから，本質的に規範主義的です。こうした英語のスタイルガイドには，『現代英語用法辞典』に見られるＨ・Ｗ・ファウラーの非常に規範主義的な意見から，彼の知的後継者であるブライアン・ガーナーの意見にいたるまでの長い歴史があります。しかしガーナーの場合，言葉は生きた有機体であり，容認性の判断（ある表現などがその言語の母語話者に受け入れられるかどうかの判断）は時代とともに変わり得ることを認めています。自身のスタイルガイドで，ガーナーは「却下」から「普及」，「完全容認」にわたる5段階の言語変化指標を用いて，語選択の実例をスコア化しています。またこのスコアは，客観的で検証可能な言語データに基づき作成されています。

　これらの多様な定義や用法の提案については，次章以降の関連した節で見ていきましょう。願わくは —— いや，違いましたね。ここで提示した歴史的背景が，アイロニーのようなまとまりにくい概念をとらえるうえで参考図書を使用する利点と欠点を理解する助けとなることを願っています。

第2章

---・・・・・・・・・・・・・・・・・・・・・・・・・・・・・・・・・

アイロニーとは何か？
サーカズムとは？

アイロニーは，人によって異なる千差万別の意味をもつため，ある状況におけるある特定の感覚について意見が一致することはめったにない。
── ジョナサン・ティトラー，『だいたいアイロニー』(1985)

アイロニーを理解しようとすることは，霧を集めるようなものだ。つかむことができたとしても，まだつかむべきものがたくさんある。
──D・C・ミュケ，『アイロニーのコンパス』(1969)

　ある人物や状況や発言を「アイロニックだ」というとき，それはどういう意味でしょうか。本章では，「アイロニー」という用語が使われるあり方を8とおり説明します。これから見ていくように，これらのアイロニーはさまざまに異なる現象を指

してはいるものの，互いに重なり合う特性をもつことで，家族的類似をつくり出しています。

ソクラテス的アイロニー

ソクラテス：おお，ヒッピアス。お願いだ，わたしがきみの言うことをなかなか理解できずに繰り返し尋ねたとしても，笑わないでくれないか。どうか大目に見て優しく答えてほしい。
── プラトン，『ヒッピアス（小）』

古代ギリシアの哲学者ソクラテス（紀元前470頃〜紀元前399）は，自身の考えを書物にいっさい残さなかったにもかかわらず，歴史上の人物としてよく知られています。彼が有名になった最大の理由は，弟子のプラトンが書いた対話篇（架空の会話形式の作品）のなかに主役として登場したからではないでしょうか。これらの作品の多くで，ソクラテスは修辞法（『ゴルギアス』）や正義（『クリトン』，『国家』）といった特定のテーマについて大いに論じています。これらのなかで彼はいくつもの議論スタイルを駆使していますが，なかでもあるひとつの話術がたいへん有名です。それは，対話相手の思い込みや信念を引き出すために，あるトピックについて自分は無知だと主張するというものです。その無知であるとの訴えが本当だったこともあるかもしれませんが，知らないふりをしていただけの場合もあるようです。これが，ソクラテス的アイロニーとして知ら

れるようになった手法です。

　プラトンの著作では，たびたびソクラテスとアイロニーについての言及がなされます。ある対話篇では，カリクレスがソクラテスを「言葉で人をだまそうとして」おり，アイロニックなやつだと戒めます。また，別の対話篇に登場するトラシュマコスは，軽蔑したようにソクラテスの「常習的なアイロニー」について触れ，ソクラテスは「誰かに質問されると，それに答える以外のあらゆることをする」と言い放ちました。またある祝宴での演説についての話では，酔っぱらったアルキビアデスが，「アイロニーのくだらないゲームに興じ，絶えずあらゆる世人を陰で笑って過ごしている」とソクラテスを非難しています。ほかの複数の対話篇でソクラテスが対話者を大げさに褒めそやす場面が幾度も出てきますが，これは本心ではないアイロニックなお世辞と解釈することができるでしょう。以上から，対話篇に出てくるソクラテス以外の登場人物は，この弁論術を気に入ってはいなかったと考えるのが妥当なようです。

　プラトンの弟子のアリストテレスの著作では，ソクラテスとアイロニーのまた違った関係性が見られます。紀元前350年頃に編まれた『ニコマコス倫理学』の第4巻で，アリストテレスは倫理的な美徳について論じました。彼は，真実なる人を二つの相反するタイプと対比させています。ひとつは，自分の能力を大げさに言うほら吹き（アラゾン）。もうひとつのタイプは，自身の能力を控えめに言う謙虚すぎる人（エイロン）。こ

れら二つのタイプは，アリストパネスの喜劇作品のようなもの
に頻繁に登場する典型的なキャラクターだったため，古代ギリ
シアではよく知られていたようです。これらの娯楽作品では，
思いあがった"アラゾン"が，謙虚な"エイロン"の機転と知識
に自信をくじかれるのがお決まりです（"アラゾン"タイプの現
代の例としては，テレビドラマシリーズ「チアーズ」に出てく
る横柄な郵便局員のクリフ・クラヴィンが挙げられ，"エイロ
ン"タイプは，クラヴィンの友人で同じくバーの常連客のノー
ム・ピーターソンによく示されています）。

　『ニコマコス倫理学』での"エイロン"の説明において，アリ
ストテレスは自己卑下とアイロニーを同一視したうえで，その
ような人々は「かつてソクラテスがそうしたように，皆が一般
的に評価するものを特に否定する」と述べています。一見何気
ないこの例は，実はソクラテスとソクラテス的アイロニーの関
係性の原点とも受け取れます。ただ，アリストテレスは，こう
した控えめな人たちをまだ悪くないほうだと考えていました。
つまり，横柄な自慢屋の"アラゾン"よりは，謙虚すぎて自分
を卑下する"エイロン"のほうがまだましだということです。

　学術研究の世界では，プラトンの対話篇に見られるソクラテ
スの無知の主張の裏にある意図について，長いあいだ議論が続
いています。プラトンがソクラテスに意図的に人をあざむかせ
ようとしたケースと，本当に無知だったケースとを見分けるす
べはわたしたちにはありません。さらに，プラトンとアリスト

テレスが“エイロン”という語で何を意図したのかについても，議論が広がっています。メリッサ・レーンの見解では，アリストパネスの時代の“エイロン”は「無知を装う人」を意味した，つまり意図的な装いやあざむきだったとはっきりと指摘されています。アリストパネスから約65年後，アリストテレスは同じ語を謙虚な自己卑下を表すのに用いました。となると，この両時代のあいだに執筆したプラトンは，前の時代の意味でこの語を使ったのでしょうか。それとも後の時代の意味を予期（または創造）していたのでしょうか。グレゴリー・ヴラストスは，プラトンの書いたソクラテスにあざむく意図はなく，むしろ対話者を啓蒙し教育していたと見るべきだと主張しています。

　ヴラストスの説明が正しいかどうかは別にして，現代の「ソクラテス的アイロニー」という語には，「意図的に無知を装うこと」という明確に定義された意味があります。この用語は1721年には英語に現れ，ソクラテス式問答法やソクラテス式発問，反対論証法といったたくさんの関連語を生み出しました。しかし，このような教授法や論理的推論の形はあざむきや装いを必ずしも伴うわけではないため，これらの用語は同じ意味ではありません。とはいえ，現代教育において，これらはアクティブ・ラーニングやクリティカル・シンキングの促進を推奨する重要な技法だと考えられています。

　以上のような西洋思想におけるアイロニーの起源についての議論からは，その発展が単純でも容易でもなかったことがわか

ります。一方で,「装う」「偽る」といった概念の重要性がわかります。これらの概念が,以下に説明するその他のアイロニーの形態でも重要な役割を果たしていることを見ていきましょう。

劇的アイロニー

「劇的アイロニー」という用語は,演劇やその他のフィクション作品で,見ている人と登場人物の知識が食い違うことを指します。この形のアイロニーの原型は,『オイディプス王』(紀元前429頃)に見られます。ソポクレスの劇中,オイディプスが父親を殺した人物を捜そうとして,結局は彼自身が父親の殺害犯であり,さらに自分の母親と結婚していたことをつきとめる過程で,観客は常に一歩先にいます。シェイクスピアもこの仕掛けをよく用いました。『ハムレット』では,ガートルードがワインを飲みますが,観客はそれが毒入りだと知っています。『ロミオとジュリエット』のロミオはジュリエットが死んだと思い込み,絶望のなか自殺します。けれど観客は,ジュリエットが薬でただ意識を失っているだけだとわかっているのです。

知っていることにおいて観客側が優位に立てるという考えは,1833年の論文「*On the Irony of Sophocles*(ソポクレスのアイロニーについて)」で,イギリス人歴史家のコンノップ・サールウォール(1797〜1875)によって初めて論じられました。彼の考えに影響を与えたのは,アダム・ミュラー(1779

～1829）やカール・ゾルガー（1780～1819）といったドイツのロマン主義者らによる悲劇的アイロニーに関する議論でした。ただし，サールウォール自身は「劇的アイロニー」という語を使っていません。この用語の現代的な意味は，G・G・セジウィック（1882～1949）ら20世紀の学者によって，サールウォールから1世紀あとに生み出されました。

　劇的アイロニーは本質的に悲劇的なものですが，ファルス（笑劇）などでの喜劇的効果にも使えます。このような用法はシェイクスピアをはじめ，数えきれないほどの劇作家，脚本家，散文家の作品に見られます。変装した登場人物，人違い，さらにはタイムトラベルにも，この手法が用いられてきました。

　劇的アイロニーの心理効果は多岐にわたります。たとえば，次に何が起こるだろうという好奇心を生み，これが不安や心配や緊張につながることもあれば，ファルスの場合にはユーモアを生むこともあります。ある登場人物に共感を抱いた観客は，無知なその人物の苦境に同情したり，ともすれば恥ずかしさを感じたりします。また，オイディプスの運命のように結末を予想できるとしても，観客は心配になったりするものです。この現象を，心理学者のリチャード・ゲリッグは変則不安と呼びました。それは，有名な史実のように，たとえ観客が結末を前もって完全にわかっていたとしても起こり得ます。映画「タイタニック」を観る人が，この大型船の処女航海の行き着く運命を疑うことはまずないでしょう。それでも，何も知らない乗船客

たちが無情にも悲しい運命へと向かっていく様子に，やはり観る側は心配や緊張を感じるのです。

劇的アイロニーにはしばしば伏線が張られますが，これを予期アイロニーという場合もあります。古典的なギリシア悲劇の例では，重要な情報を観客に直接伝えるためにコロス（合唱隊）を活用するという方法があります。ときに，この伏線はかなり明示的です。たとえばロミオとジュリエットの運命については，プロローグの二文目（「悲運な恋人たち」）と三文目（「生きては添えぬ恋」）で広く暗示されます。逆に敏感な観客や読者しか察せられないようなかすかなヒントを，劇作家や著者が残す場合もあります。

劇的アイロニーを含む作品のなかで誰が何を知っているかを把握するのは，簡単なことではないかもしれません。『ロミオとジュリエット』のように登場人物全員が何も知らない状態で，観客だけが重要な情報を握っている場合もありますし，また「事情通」の登場人物が数人いて，ほかの人たちは皆何も知らないままという場合もあります。しかし最後には，よきにしろ悪しきにしろすべてが明らかになり，緊張が解かれるのです。

宇宙的アイロニー

だが，人は神々の玩具としてつくられた。
──プラトン，『法律』第7巻（紀元前360頃）

劇的アイロニーは
本質的に悲劇的なものですが，
ファルス（笑劇）などでの
喜劇的効果にも使えます。

人がもくろみ，神が始末する。
── トマス・ア・ケンピス（1380頃～1471），『キリストにならいて』
第1巻第19章

　宇宙的アイロニーは，運命のアイロニーとしても知られ，劇的アイロニーといくらか重なる部分があります。次節で考察する状況的アイロニーもまた然りです。しかし宇宙的アイロニーでは，人々の希望や欲望の邪魔をしようとする冷淡，あるいは邪悪ともいえる宇宙の働きに重点が置かれます。邪魔立てする力の正体はさまざまですが，結果はほぼどれも同じです。ホメーロスやウェルギリウスなどの古代ギリシアやローマの詩人たちにとって，不幸は神々の気まぐれで引き起こされるものでした。キリスト教文学の作家にとっての力は，聖なる介入によって自らが創り出したものの人生に関わることを選択する崇高な存在です。とはいえ，干渉してくる力は必ずしも超自然的な存在ばかりではありません。単なる運命や偶然が不幸な出来事の原因になる場合もあるのです。

　ここで，運命，カルマ，詩的正義といった関連のありそうな概念と宇宙的アイロニーとは異なるという点に注意しておかなければなりません。宇宙的アイロニーの場合，個人の外の力が支配権を握り，人の行動を無意味なものや関係のないものにすら変えてしまうことがあります。また，宇宙的アイロニーは，「因果はめぐる」や「自分のまいた種」のような，ことわざの観

点ともまるで異なります。なぜなら，これらの決まり文句は，まだある種の人間の働きを前提としているからです。また宇宙的アイロニーは，デウス・エクス・マキナとも違います。たしかに，エウリピデスなどの劇作家は話の筋の複雑さを解消するために神々を登場させましたが，その結果はいつも，登場人物を救済したり，悲劇ではなく幸せな結末をつくりあげたりするのでした。

　宇宙的アイロニーの概念は，「世界全体のアイロニー」という語を用いたG・W・F・ヘーゲル（1770〜1831）や，彼の教え子で，自然や運命や偶然が人間の営みに果たす役割について明示的に指摘したハインリヒ・ハイネ（1797〜1856）の著作に見いだされます。しかし，このような用例を最初に「宇宙的」と称したのが誰かはわかっていません。1905年に『アトランティック・マンスリー』誌に寄稿した記事のなかで，ウィンスロップ・モア・ダニエルズがイプセンの作品に対してこの用語を使っていることから，その頃までには広く普及した用語だったはずです。

　宇宙的アイロニーは，自由意志信仰や，自分こそが自身の運命の書き手だという考え方と真っ向から対立します。宇宙的アイロニーを覆いつくす悲観主義を考えると，優れた文学の素材としては豊かではないように思えるかもしれません。他人のことや，特に自分のことを，何か容赦のない外からの力に糸で引っ張られているただのあやつり人形だと思うのは，いい気がし

ないでしょうから。ですが，たとえばシェイクスピアは『マクベス』や『リア王』のなかで，このアイロニーを効果的に用いました。

　おそらく，宇宙的アイロニーを最も熱心に使用したのは，トマス・ハーディ（1840〜1928）ではなかったでしょうか。この要素は彼のたくさんの著作に出てきますが，なかでも『ダーバヴィル家のテス』（1891）にはっきりと見てとることができます。テスは，貞淑で正直で心優しい善人そのものとして描かれています。小説中，彼女は一貫して正しいことをしようとします。それにもかかわらず不幸の連続に苦しみ，しまいには殺人の罪で処刑されてしまいます。ハーディは宇宙的アイロニーを使って，説得力のある，それでいて究極なまでに悲劇的な形で社会の変化や男女間の関係というテーマを探求したのです。しかし宇宙的アイロニーは，文学のジャンルとしてはあまり熟成しませんでした。人を気まぐれな運命に支配されたマリオネットだとする奇抜なアイデアは，個人主義の強い文化のなかに生きる人々の考え方とは，どうやら合わないようです。

　現代の用法では，「宇宙的」はときに強意語として，話し手がある物事をきわめてアイロニック_{皮肉なもの}だと思っていることを示唆するのに用いられます。また，奇妙にも偶然が重なったり，苦々しかったり，はたまた単に不都合だったりする出来事を指すのにも用いられます。次の「cosmicirony（宇宙的アイロニー）」というハッシュタグのついたツイッターの投稿について考えて

みてください。「週末をどう過ごしたかって？　病気で寝てたよ。なのにまた勤務日が始まったら，元気になってきちゃった」

状況的アイロニー

　1996年2月，アラニス・モリセットは前年6月に発売されたアルバム『ジャグド・リトル・ピル』から，4枚目となるシングルをリリースしました。その楽曲はカナダ人シンガーの彼女の大ヒットとなり，4月の半ばには全米ビルボードホット100の第4位にまで上り詰めました。これはいまでも彼女の楽曲のなかで歴代最高順位となっています。この成功は注目に値するでしょう。なぜなら，曲のテーマがポップミュージックのヒット作品には珍しく，アイロニーを扱っているからです。ですが，それは本当なのでしょうか。

　「アイロニック」というタイトルのこの楽曲は，繰り返し部分を除くと5節の歌詞からなり，そのなかにアイロニーらしき11の具体例が出てきます。二度繰り返されるサビの部分には，次のような例があります。

　結婚式の日の雨とか
　料金を支払っちゃったあとで無料になるとか
　聞き流してしまったいいアドバイスとか

　するとすぐさま英語教師やら言語の達人やらあらゆる「通」

の人たちが，この例は辞書に載っている状況的アイロニーの定義に合っていないと，こぞって指摘しました。たとえば『ワシントン・ポスト』紙は，この曲を「世に横行しているアイロニーの乱用の典型例」だと述べた記事を掲載しました。辞書によって定義に差はあるものの，多くで状況的アイロニーとは，意図したこととは異なる結果になってしまったというような，予想と結果の不一致と説明されています。『オックスフォード英語辞典』はさらに踏み込んで，結果が「残酷に，滑稽に，奇妙に想定や予想と食い違う」こととしています。

　モリセットの名誉のために言っておくと，彼女はこの曲の歌詞が状況的アイロニーという用語に対するすべての人の理解に合うわけではないことを進んで認めています。たとえば，彼女は2015年にトークバラエティ番組「ザ・レイト・レイト・ショー」に出演し，司会のジェームズ・コーデンとともに歌詞を刷新したバージョンを披露しました。新たなアイロニーのリスト（新機種発売の前日にiPhoneを買ってしまったとか，GPSナビアプリを使って渋滞に巻き込まれたとか）のなかには，「"アイロニック"なことを歌っているのに，そこにはアイロニーがひとつも出てこない」というのも含まれていました。

　状況的アイロニーとは，人が予期せぬ出来事や悲痛な結果を味わう限り存在するものです。その結果は非常に平凡に見えるときもありますが，なかには何かに支配されているように見えるものもあります。問題は，この何かとは何で，そしてそれを

指すために使うべき用語は何かです。

　「アイロニック」によってこのような問題が浮き彫りにされる以前から，すでに研究者たちのあいだでは状況的アイロニーの特性を探究する動きが出ていました。このトピックについて初めに行われたある研究プロジェクトのなかで，心理学者のジョーン・ルカリエッロは状況的アイロニーの分類法を生み出しました。彼女は状況的アイロニーの28種類を突き止め，それらを次の7つの大項目に分類しています。

不均衡：
行動や状況が一致しない，または相反すること。
例）貧しい銀行家。

損失：
自ら招く悪い結果，または外部からもたらされる悪い結果。
例）同僚を不器用だとばかにしていた当の本人が，つまずいて転んでしまう。

勝利：
予想外に得られるよい結果。
例）思いがけず，たまたまコンテストで優勝してしまった人。

二重の結果：

関連した二つのものを失う人，またはひとつ得てひとつ失う人。
例）有名なマラソン選手がジョギング中に亡くなる。

劇的：
本人がまだ知らないことに，見ている側が気づいている状態。
例）試験官がある学生を不合格にしたが，その学生が合格への
自信を表明しているところを耳にする。

八方ふさがり：
あらゆる手立てを尽くしても損失を避けられないこと。
例）万全の準備をしてきたある学生が試験中に内容を思い出せ
なくなり，必死になればなるほどうまくいかなくなる。

偶然の一致：
因果関係なく同時に生じる行動や出来事。
例）何年も会っていない幼馴染みのことをふと考えた翌日に，
本人にばったり出くわす。

　ルカリエッロの分類には，前節で説明したものと同じカテゴ
リーが二つ含まれていることを指摘しておくべきでしょう。ル
カリエッロの"劇的"のカテゴリーは劇的アイロニーとまった
く一致していますし，"八方ふさがり"も宇宙的アイロニーと
同じと考えられます。

　ある実験でルカリエッロは，参加者にこれらアイロニーのタイプ例を提示し，それぞれがどのくらいアイロニックに感じられるかを評価してもらいました。すると，いくつかのカテゴリーが非常にアイロニックだと認識されました。最も高スコアとなった二つのカテゴリーは，"劇的な不運の力"（たとえば，死んだように見えるジュリエットのかたわらでロミオが自殺してしまう）と，負けに向かうはずの手段が勝つ手段となる"道具的勝利"（ある人がある人を訴えたら，その二人が結果的に恋に落ちるなど）でした。

　一方，アイロニーの概念としてあまりよくない例と評価されたタイプもありました。最も低いスコアとなったのは，"役割逆転による不均衡"（懸命に働く子どもたちが，遊ぶ大人たちを目にするなど）と，"予兆的損失"（死ぬ夢を見た人が，交通事故で致命傷を負うなど）の二つでした。そのほかのタイプは，さほどの差はなく，これら両極の中間の評価となりました。

　この実験結果から，人々の状況的アイロニーの概念が曖昧なものであることがわかります。どうやら，わたしたちがアイロニックだと感じる状況とそうではないと感じる状況とのあいだに明確な境はないようです。アイロニーの知覚は，ある特定の属性によって引き起こされるようなものではなく，概念の典型例（ロミオの自殺や，恋に落ちる訴訟の当事者同士など）に似ているかどうかによって引き起こされるのです。

　状況的アイロニーを定義する基準がないことは，ウェブサイ

ト www.isitironic.com でも確認できます。このサイトでは，
訪問者に自分自身のアイロニーの用例を追加してもらったり，
ほかの人の例がアイロニックかどうかを投票してもらったりし
ます。票は「絶対にアイロニーではない」から「絶対にアイロ
ニーだ」までの 10 段階で投じられます。票の集計がどちらの
方向にも 80% を超えることはめったになく，その判断にはか
なりの曖昧さと主観があることがうかがえます。

　したがって，著名人が「これって皮肉なものじゃないか？」
というフレーズを用いると，だいたいそれが正しい使われ方か
どうか精査されてしまうのも無理のないことなのです。たとえ
ば 2018 年 6 月，ドナルド・トランプはツイッターで，G7 で
の貿易協定の話し合いや北朝鮮の核兵器問題への自身の取り組
みと，大統領選挙におけるロシア干渉疑惑についてのロバート・
モラー元特別検察官による執拗な調査とを対比させて，このフ
レーズを用いました。すると早速，数社の報道機関が大統領の
不正確な言葉の用法を非難したのです。なかには，彼の用法を
歌手のアラニス・モリセットが歌う「アイロニック」になぞら
えるメディアもありました。

　以上をふまえて，モリセットが歌っていたのは，本当にアイ
ロニーだったのでしょうか。すっきりしない回答になりますが，
これは，受け取り手がそれぞれ何を期待しているかによってど
ちらとも言えるでしょう。さらに，偶然の一致や運命のような
概念（このテーマについては第 5 章で扱います）をどうとらえ

ているかによっても，また異なってきます。モリセットの歌詞
に見られる用例は，広義では状況的アイロニーと考えられるで
しょう。ですが，宇宙的アイロニーというのがいちばん適して
いるのかもしれません。たった1本のナイフが必要なときに宇
宙が1万本のスプーンを授けてくるとしたら（歌詞の5節目），
あなたの運命は何か意地の悪い力に握られていないとは言い難
いでしょう。「アイロニック」のなかで状況的アイロニーにつ
いて歌うモリセットは，言葉のアイロニーを使っているともい
えるかもしれません。

歴史的アイロニー

もちろん，しかるべき時間と背景が与えられたなら，人の言
葉や行動で最終的にアイロニックにならないものはないのです
が。
── グレゴリー・マグワイア，『ウィキッド』（1995）より，ミセス・"ホリ
ブル"・モリブルの台詞

　1938年9月30日，イギリス首相ネヴィル・チェンバレンは，
ダウニング街10番地にある官邸の2階の窓から，歓喜にわく
聴衆に向かって演説を行いました。彼はドイツのアドルフ・ヒ
トラー総統とミュンヘンで会談し，チェコスロバキアの国境地
帯をドイツに割譲する計画に同意して帰国したばかりでした。
喝采する群衆に向かって，チェンバレンは自信たっぷりにこう

たった１本のナイフが必要なときに
宇宙が１万本のスプーンを
授けてくるとしたら，
あなたの運命は
何か意地の悪い力に握られていない
とは言い難いでしょう。

述べました。「これがわれわれの時代のための平和であると信ずる」

　この言葉が発せられたとき，聴衆は間違いなく彼を信じていたか，少なくとも信じたいと思っていたことでしょう。第一次世界大戦の恐怖がまだ記憶に新しく，さらなる戦争を回避することが多くのイギリス国民の切なる願いだったのです。なかにはナチス・ドイツとの和平など本当に可能かと疑う声もあり，首相演説の同日，数千人がトラファルガー広場でミュンヘン協定に抗議しました。とはいえ，チェンバレンのこの言葉を聞いて，アイロニーだと受け取った人はひとりもいなかったはずです。しかし，1年も経たないうちにドイツがチェコスロバキアの残る領土を占領し，ポーランドに侵攻すると，チェンバレンはドイツに宣戦布告することになりました。それから8カ月後，（日独伊）枢軸国軍のフランス侵攻が進むなか，彼は首相を退任せざるを得なくなりました。そして「われわれの時代のための平和」という主張は，歴史的アイロニーの典型例となったのです。

　おそらくチェンバレンは，わずか20年前に第一次世界大戦を指して「すべての戦争を終わらせるための戦争」というフレーズが広く使われていたことを思い出すべきだったのでしょう。この表現は戦争初期にイギリスで知られるようになり，1918年に発表されたH・G・ウェルズの著書によって一般にも広まりました。5000万人以上の命を奪った第二次世界大戦

によって「すべての戦争を終わらせるための戦争」というフレーズは先の戦争をアイロニックに表現する方法として世間に広まり，代わりにその文字どおりの意味は実質的に歴史のすみに追いやられることになったのでした。

　こうした多くの発言，表明，予言は，あとから思い返して初めてアイロニックだと認識されます。より最近の例として，1973 年 4 月 25 日にアメリカ大統領リチャード・ニクソンが執務室で大統領主席補佐官の H・R・ハルデマンに言った，「わたしはあの録音機材はどうなのかと思っていたが，あって本当によかったよ。そう思わないか」という発言が挙げられます。ニクソンのこの発言が録音されてから 3 カ月弱経ったあと，大統領副補佐官のアレクサンダー・バターフィールドが上院ウォーターゲート特別委員会に，大統領執務室での会話の録音機材があることを暴露しました。それらのテープを公開せよという議会の命令を拒否したことが主な要因となり，1974 年 8 月にニクソンは辞任するはめになりました。

　こうした場面をどれほどアイロニーと感じるかは，誰の発言かによって大きく異なってきます。1977 年に，ボストンでの世界未来学会でなされた「個人が自宅にコンピュータをもつ理由はどこにもない」という宣言について考えてみましょう。もしこの発言が，近年のテクノロジーの進歩についてほとんど理解のない人が思いつきで述べたものだったのなら，すぐに忘れ去られていたでしょう。しかしこれを述べたのは，ディジタル・

イクイップメント・コーポレーション（DEC）の共同創始者かつ会長かつ代表取締役のケン・オルセンだったのです。20年前に設立されたその企業は，IBMなどの他社が大企業向けに販売していた大型コンピュータよりも小さく安価なミニコンピュータの開発を牽引していました。明らかに世のトレンドは，さらなる小型マシンへと移行しつつありました。オルセンは小型化の時流から利益を得ていたにもかかわらず，1980年代に起こるパーソナル・コンピュータ革命を予想できるほどの先見の明をもち合わせていなかったのです。彼は1992年にDECからの退陣を迫られ，その6年後，同社は家庭用パソコンの大手メーカーに成長していたコンパックに買収されることとなりました。

　当時，オルセンの否定的な意見は権威となり，非常に有名になりました。あれは文脈を無視して切り取られたものだったと，のちにオルセンは主張しています。しかしこの発言は彼にずっとついてまわり，2011年に彼が亡くなったときの死亡記事でも言及されました。不幸にも，オルセンの予言は見事なアイロニーとなってしまったのです —— あとから振り返っての話ですが。加えて，のちに触れるように，予言の失敗は言葉のアイロニーやサーカズムの特徴でもあります。

　歴史的アイロニーはまた，言ってすぐに明らかになる場合もあります。1864年5月のスポットシルバニア・コートハウスの戦いのさなか，北軍のジョン・セジウィック少将は部下たち

をこう叱りつけました。「そのように避けてばかりとは，きみ
たちが恥ずかしい。この距離では，敵は象にだって命中させら
れるわけがない」と。それからいくらも経たないうちに，セジ
ウィックは敵の放った銃弾により致命傷を負うことになったの
です。また，ジョン・F・ケネディ大統領の最期の言葉は「ええ，
もちろん」だったとされています。これは，ダラスでケネディ
らを乗せたリムジンが（パレードの歓声を浴びて）テキサス教
科書倉庫ビルへと近づいていくなか，テキサス州知事ジョン・
コナリーの妻のネリー夫人が「大統領，これでダラスがあなた
を愛していないとは言えないでしょう」と語りかけてきたこと
に対する返答でした。

　歴史的アイロニーの例は，個人の発言にとどまりません。書
籍として成功したかは別として，多くの作家が本のなかでこの
手法を用いています。1955年，ジャーナリストのジム・ビシ
ョップは，1865年4月14日に起こった出来事を1時間ごとに
詳述した『リンカーンが撃たれた日』を出版しました。本書は
劇的アイロニーに満ちており，リンカーン大統領がごく普通に
見える1日をなんの気なしにいつもどおり行動するあいだ，ビ
ショップは読者に絶えず大統領の最終的な運命を思い起こさせ
ます。大統領と，彼に対して陰謀を企てる犯人一味とを交互に
描き，また重々しい筆致で伏線を張ることで，劇的アイロニー
の節で説明した変則不安が高められていきます。たとえば，「午
後2時」と題された章は，自身の名を冠した劇場の支配人ジョ

ン・フォードが，その晩に大統領が使用する予定のボックス席を念入りにチェックするところで終わります。「すべては順調だった。フォードは鍵がかかっていないドアがあるとは思いもしなかった。……フォード劇場の準備は整った」。このちょっとした描写が効果抜群で，300ページ続く説明のなかで，何かいやな感じを与えるのです。

　歴史的アイロニーは，行きすぎると現在主義的な考え方になる，つまり，現在の視点から過去を見るという罪を犯してしまうのです。たしかに読者からすれば，大統領の運命について本人よりもわかっていたほうがスリリングかもしれません。けれどこのようなアプローチは史実を歪めてしまい，わたしたちは当事者が経験したとおりに出来事を理解しなくなります。しかし歴史的アイロニーはよい物語をつくり出す一方で，間違った歴史をつくりあげてしまうのです。

ロマン主義的アイロニー

　「アイロニー」という語に新たな用法が現れたのは，初期ドイツ・ロマン主義を代表する人物，フリードリヒ・シュレーゲル（1772～1829）の著作のなかにおいてでした。ドイツ・ロマン主義の運動では，啓蒙主義の理想に対抗して，哲学や文学や芸術の新たな統一性が模索されました。シュレーゲルはアイロニーを，あるひとつの修辞スタイルや文学的技法ではなく，包括的な視点としてとらえました。そこには，絶えず交互にわ

53

き起こる狂信と懐疑のような相反する思考，いわば「対立物の引っ張り合い」も含まれていました。なお，シュレーゲル本人は発表した著作物のなかで「ロマン主義的アイロニー」という言葉は使っておらず，またこのテーマについて断片的にしか書き残していません。しかし，彼のアイデアは兄のアウグストによって発展させられ，影響力をもつものとなったのです。

　ロマン主義的アイロニーの重要な要素に自己認識と懐疑の概念がありますが，これは文学においては作者が作品そのものに入り込むことで表されたりします。例として，シュレーゲルは『ドン・キホーテ』（1605～1615）を挙げました。そのなかで作者セルバンテスはフィクションの性質や慣わしについて自意識的に疑問を提起し，自ら物語のなかに割り込みます。しかし，こうした慣習的な語り口からの逸脱は，チョーサーやシェイクスピアなどのもっと昔の作品にも見受けられます。シェイクスピアの『十二夜』などがよい例でしょう。作中でフェイビアンはこう言い張ります。「もしいまこれが舞台でやってたら，あたしゃ，きっと野次ってますね，そんなあり得ない話があるかって」

　その後の自意識的な著作の例は，ローレンス・スターンの『紳士トリストラム・シャンディの生涯と意見』（1759～1967），ルートヴィヒ・ティーク（1773～1853）の初期作品，バイロンの『ドン・ジュアン』（1819～1824）などに見られます。ただし，『ドン・ジュアン』は風刺（この概念は第5章で扱います）

と呼んだほうがより正確でしょう。ロマン主義的アイロニーは，トーマス・マンの作品で頂点に達したといえます。『ヴェニスに死す』(1912) での冷たく距離を置く語り手が，徐々に常軌を逸していく主人公の行動と際立った対照をなします。

　ロマン主義的アイロニーは，ポストモダニズムの著作においても定番となりました。たとえば，カート・ヴォネガットの『スローターハウス5』(1969) では，著者が物語のなかに登場人物として出てきます。また，ジョン・ファウルズの『フランス軍中尉の女』(1969) では，読者は物語の結末を二つのうちから選択するよう促されます。ロマン主義的アイロニーを現代的に装ったこれらの作品は，メタフィクションと呼ばれています。

　さらに自己認識という表現方法は，映画やラジオやテレビでも見られます。これらのなかでは俳優や脚本家は視聴者とあたかも壁で分けられているように対話できないものという従来の前提があるため，こうした表現はよく「第4の壁を破る」と言われたりします。俳優が役から出て視聴者に直接話しかけることで，視聴者に通常起こる「不信の停止」，つまり虚構を疑う気持ちをあえて抑制して創作の世界にのめり込もうとする精神状態を打破するのです。映画でこれを実践した人には，チャールズ・チャップリン，グルーチョ・マルクス，ボブ・ホープなどがいます。テレビ創成期にロマン主義的アイロニーを用いた人たちは，ラジオの登場人物を単純に新しいメディア向けにつくり変えていました。テレビで役から離れることを最初に実践

した人々には，ジョージ・バーンズ，ミルトン・バール，ジャック・ベニーなどがいますが，そのあともさまざまな人が続きました。

また，壁の打破には程度があることにも注目すべきでしょう。たとえば，登場人物が第4の壁に寄りかかっているだけの場合があります。このとき俳優は観客に直接話しかけはせずに，彼らに向かって疑問を呈すような視線を投げるなどします（現在のテレビコメディでよく使われる手法です）。一方，「ランプシェード・ハンギング」とは，観客にではなく登場人物同士が互いに呼びかけ合い，ありそうもない筋の展開についてコメントし合うことを指します。このように，自意識や自己認識の手法が大衆メディアにも浸透したことは一目瞭然ですが，いまではこの手法がアイロニーの一種と呼ばれることは少なくなりました。

言葉のアイロニーとサーカズムの関係

わたしはいまでは，総じて，サーカズムを悪魔の言葉だと思っている。それゆえ，だいぶ前から，それをやめたも同然である。
──トーマス・カーライル，『衣装哲学』（1833〜1834）

サーカズムとは，その使い手が思っているような機知の鋭い刃などではなく，単なる棍棒にすぎない。力ずくであざをつくれることもあるかもしれないが，決して切ったり刺したりはでき

ない。

——レックス・スタウト（1886〜1977）の探偵小説の主人公ネロ・ウルフの台詞より

　現在わたしたちが言葉のアイロニーと呼んでいるものに関する論は，まずキケロ（紀元前106〜紀元前42）の著述のなかに見いだされます。『弁論家について』（紀元前55）で，彼はアリストテレスが『ニコマコス倫理学』で使用していたギリシア語から借用して，ironiaというラテン語の造語をつくり出しました。キケロから約150年後には，クインティリアヌスが『弁論家の教育』のなかで言葉のアイロニーについて論じました。彼らローマの学者たちの考えは，中世の修辞学者に，そして最終的には英語でこの概念を定義しようとする辞書編纂者たちの試みにも多大な影響を与えることとなりました。

　この形のアイロニーの一般的な辞書定義は二つありますが，どちらにも問題があります。ひとつめは，「話し手が文字どおりに言っていることとは異なる何かを意味している」というものです。キケロが述べているように，言葉のアイロニーとは「思っていること以外の何かを言うこと」です。たとえば，激しい雷雨のさなかに，悪天候へのいらだちや落胆を表して誰かが「なんてすばらしい天気なの！」とつぶやくところを想像してみてください。明らかに話し手は，実際に発した言葉から離れた何かを意図しています。ですが，「異なる何かを意味する」

との定式化はあまりに自由すぎます。この概念の傘下には，ほのめかし(「お腹すいた」と言って，何か食べたいことを暗に示すなど)，間接依頼(「何時だかわかりますか」など)，修辞的疑問(「いったい自分を誰だと思っている？」など)といったさまざまな間接的発話行為も当てはまるでしょう。本書の目的は，こうした文字どおりではない，または間接的な言語形式と言葉のアイロニーとをきちんと区別することなので，この定義では十分に正確とはいえません。

　言葉のアイロニーのもうひとつの一般的な定義は，実際の発言とは反対のことを話し手が意味しているというものです。この場合，言葉のアイロニーと反語法という修辞的手法とが同一視されています。これは，「言われているのと反対のことが理解される」というクインティリアヌスの定式に相当します。また，この言葉の英語の最初の使用例として『オックスフォード英語辞典』に記録されている，1502年のウィンケン・デ・ウォーデの「このような罪はアイロニーと名づけられ，文法のせいではなく，人の言うことが反対のこととして理解されるせいである」という記述とも合致します。

　しかし，この定式はあまりに限定的です。言葉のアイロニーのいくつか，あるいは多くの事例には当てはまるかもしれませんが，すべてにとはいきません。ダニエル・スペルベルとディアドリ・ウィルソンは，運動神経の悪い子がつまずいて転んだときに，彼の叔父が「鳥だ，飛行機だ，いやスーパーマンだ！」

と唱える例を挙げています。ここでの叔父は明らかに，その子が空飛ぶ生き物でも，乗り物でも，スーパーヒーローでもないことを意味しているわけではありません。したがって言葉のアイロニーの最も一般的な二つの定義は，条件が少なすぎたり多すぎたりしていると考えられるのです。

　文芸評論家のウェイン・ブースは，安定したアイロニーと不安定なアイロニーに有用な区別をつけました（この区別を，彼は主として書き手の意図との関係で論じていますが，言葉のアイロニーにも適用できるでしょう）。ブースにとって，安定したアイロニーとは意図的な使用であり，意味に曖昧さがありません。先に述べた「なんてすばらしい天気なの！」などがその例です。ブースいわく，意図された意味を再構築するために，読み手はまず文字どおりの意味を拒み，それから別の可能性を探らなければなりません。書き手の知識や考えを考慮することで，読み手は解釈に到達するのです。

　一方の不安定なアイロニーは，書き手の意図が不明瞭な状況を指します。ブースの考えを言葉のアイロニーに当てはめるなら，話し手の意図する意味が曖昧な場合にもこの用語が使えるでしょう。たとえば，地下鉄のホームで知らない者同士が会話するときなどに，こうした状況が起こり得ます。なぜなら，二人にはアイロニーの意図を見きわめる助けとなる互いについての知識が欠けているからです（共通基盤をもつ重要性については，次章で探究します）。また，アイロニーを言う人が，言外

の意図を示すのに一般的に送るサインである行動上の手がかりを用いなかったことでも，言葉のアイロニーは不安定になります。このサインについては第7章で説明します。

　言葉のアイロニーについての議論で最も考慮すべきは，サーカズムの概念との関係です。サーカズムはアイロニーの同義語か，それともそのサブタイプかについて，学者たちは長いあいだ論争を続けています。もし誰もが同義語だという意見で一致すれば，意味上の論争はなくなり，どちらの呼び方にするかという，単純に好みの問題になるでしょう。しかし，よく指摘されているように，アイロニー的発言のすべてがサーカズムなわけではなく，またサーカズム的発言のすべてがアイロニーなわけでもありません。したがって，一方の用語がもう一方の代わりを真に果たすことはできないのです。

　「サーカズム」の語源を調べてみると，先述したアイロニーの「装う」という語源とは明らかに異なる歴史が見えてきます。それは後期ラテン語のsarcasmus（あざけり）に由来していますが，その語源はさらにギリシア語のsarkasmos（冷笑，人を傷つける発言）や，sarkazein（「犬のように肉を引き裂く」，「歯ぎしりする」，「怒りに唇をかむ」など，さまざまに訳されます）から来ています。『オックスフォード英語辞典』は，この語が英単語として書かれた最初の記録を，1579年，エドマンド・スペンサーの『羊飼いの暦』のなかに出てくる「あざけりをもって語られるironicall Sarcasmus」という記述だったとして

います。ここからは，数百年ものあいだ英語のなかに別語として並存し続けてきたサーカズムとアイロニーの概念は，実は初期の時点からひとまとめにされていたことがうかがえます。語源に従うならば，「サーカズム」は苦痛を与えることを意図した言葉のアイロニーの例と定められるでしょう。多くの辞書編集者はこのアプローチを取っており，彼らのサーカズムの定義には「辛辣」や「冷笑的」などの用語が頻繁に用いられます。

　また，研究参加者のデータからも，人々が「アイロニー」と「サーカズム」という語を別物として認識し考えていることがうかがえます。サム・グルックスバーグとわたしは，大学生にこれらの単語の意味を定義してもらうようお願いしました。その結果，アイロニーの特性について最も多く得られた回答は，「予想外のことを指す」というものでした。サーカズムについては，学生たちはほぼいつも，言語に特有のものだと述べました。さらに大半の参加学生は，サーカズムを事実に反しており，他人を傷つける意図があるものと付け加えています。教え子たちと行ったのちの研究でも，参加者にこれらの用語の定義づけをしてもらったところ，似たような結果が得られました。ですがそのときは，さらにサーカズムによく挙げられる特性としてユーモアもあることが判明しました。一方で，アイロニーの定義でユーモアが言及されることはほぼありませんでした。以上をまとめると，多くの人々は「アイロニー」を状況的アイロニーと同一のもの，また「サーカズム」を言葉のアイロニーと同

サーカズムとアイロニーの概念は，
実は初期の時点から
ひとまとめにされていたことが
うかがえます。

一のものとしてとらえているようです。

　社会学者のローリ・デュシャームは，サーカズム80例の会話データベースを分析し，サーカズムがとりうる5種類の特徴的な形式を割り出しました。第1のタイプは，無礼だったり，攻撃的なふるまいに注意を促すといった社会統制です。第2のタイプをデュシャームは忠誠の宣言と呼んでいます。たとえば，何かを落としたあとに「やったね」とつぶやくように，自嘲気味に自身をなじることです。第3のタイプは，自分が属する社会的集団外の人々の魅力をあざけるなど，集団結束と社会的距離の確立に関連したものです。また第4のタイプとして，サーカズムは非協力的な人に向かって礼を言うなど，不満を吐き出すためにも用いられます。最後，第5のタイプは，スポーツチーム同士が行う，いつもののののしり合いのような，ユーモラスな攻撃性です。これらのカテゴリーは性格をまったく異にするものですが，デュシャームによると，分析した会話の約半分は，集団帰属意識と集団境界を維持することと関係しているといいます。言葉のアイロニーとサーカズムの働きについては，第6章で再度，言及します。

アイロニー的態度

逃げ腰のアイロニー的態度は，クールでもロマンチックでもない。哀れで有害だ。
—— ロバート・グリーン，『マスタリー』(2012)

アイロニーは悪魔のしるしか，はたまた健全な息抜きのための
シュノーケルか。
── ジュリアン・バーンズ，『フロベールの鸚鵡(おうむ)』(1984)

　奇妙にも，「アイロニー」という語の最も一般的なある用法
には，決まった名前がありません。この意味でのアイロニーと
は，ある種の気取った態度を指し，一歩距離を置いて世をすね
たような気質の人を表します。ひねくれて人を見下しており，
粋でありながら軽薄さもあります。たいていの人はこのアイロ
ニー的態度といえば若者を連想し，現代の現象だと考えます。
ですが，実際そのような人として最初に記述された人物は，イ
ギリス貴族でした。また，こうした気質はロマン主義的アイロ
ニーの概念と結びつけられてきましたが，件(くだん)の貴族はシュレー
ゲルが生まれるより60年も前にすでに亡くなっていました。
　第3代シャフツベリ伯爵アントニー・アシュリー＝クーパー
(1671〜1713)は，哲学者として美学，倫理学，宗教学の分
野に貢献した人物でした。彼の著作選集『人間，作法，意見，
時代の諸特徴』は，ライプニッツやヴォルテールなどの大陸の
人々に好意的に受け入れられたといわれています。今日では，
人当たりがよく，穏やかで自己犠牲的と評されたその性格のほ
うで人々に記憶されています。実は彼は感情を抑えた控えめな
態度を身につけながら，ひそかに他人の虚栄を面白がっていま
した。『機知とユーモアの自由についての随筆』のなかで，彼

は「はるか昔のように，いまなお賢い人間は二重の意味をもつ
たとえ話をするべきなのかもしれない。そうすれば，敵は混乱
し，聞く耳をもつ者だけが聞くようになる」と書いています。
また，死後かなり経ってから出版された原稿『*Philosophical
Regimen*（哲学訓練）』で，シャフツベリ伯は人のより好ましい
あり方についてさらにこう詳述しています。

> よって，その手段においても程度においても，同じ複雑さ，
> 影，幕を，同じやわらかなアイロニーを忘れてはなりませ
> ん。自身と時代に合わせてこうした人格を見つける努力を
> しなさい。ユーモアと優しい冷やかしを伴いながらも，神
> の喜びと合致するような，実際の重みや単純さと一貫する
> ような，このような性質を，調子，音調，声を求めなさい。
> これこそが調和である！　これ以上すばらしく，優しく，
> 穏やかで，人当たりよく，人間味豊かなことなどあり得る
> だろうか。

　この記述を，ノーマン・ノックスは1961年の著書『アイロ
ニーという語とその文脈，1500年から1755年まで』のなかで
引用しました。彼は「やわらかなアイロニー」というシャフツ
ベリ伯による新たな造語に着目し，こうした態度を指すのに使
用しました。ですが，この用語は広く使われるまでには至りま
せんでした。結果として，わたしたちにはこうした気質を示す

共通の簡潔な言い回しがありませんが，これまでアイロニー的態度と呼ばれてきたので，ここではその用語を採用します。

　ロマン主義的アイロニーとアイロニー的態度には明らかに概念的に重なる部分があります。面白がりながらも距離を置く感じが両者に共通していますが，ロマン主義的アイロニーのほうが客観的実在を否定する点で一歩先まで踏み込んでいます。両概念は，フェアかどうかはともかく，同一のものととらえられ，しばしば哲学者や社会評論家から批評の的になってきました。その連鎖の初めとなったのは，アイロニックなロマン主義の主観的で相対的な要素を完全に否定的に見たヘーゲルでした。彼はこうした世界観を道徳的に特徴づけ，完全な悪とみなしました。同様に，デンマークの哲学者セーレン・キルケゴール（1813～1855）はアイロニーとロマン主義とを同一視し，アイロニー的態度を現代世界の誤りすべてを反映したものと批判しました。R・ジェイ・マギルの言葉を借りれば，アイロニーは理由もなく反逆者とみなされてしまったのです。これらの哲学的批判の全容は，マギルの著書『シック・アイロニック・ビターネス』で確認できます。最終章でこの概念を再考する際に見ていくように，アイロニー的態度に対する否定的な見方は21世紀に入っても続いています。

第3章

アイロニーを成立させる条件とは？

並置と矛盾

　並置とは，二つのもののあいだに存在する空間的，または時間的つながりと考えることができます。人はそうした関連によく気づき，さらには深読みまでするものです。げんかつぎがそのよい例でしょう。たとえば，NASAのジェット推進研究所の管制室にはピーナッツを置いておく伝統があります。この習わしは，1964年にまでさかのぼります。月を撮影する無人ミッションを担ったレインジャー7号打ち上げの際に，あるエンジニアが緊張をほぐすためにピーナッツを配ったのです。レインジャー計画ではそれまで6機が失敗に終わっていましたが，ピーナッツがあったレインジャー7号は見事に成功を収めました。それ以来，惑星への接近飛行や着陸などの重要なミッション中のジェット推進研究所には，ピーナッツが置かれるようになりました。マメ科植物が置いてあることと，宇宙探査機の働

きとのあいだにある因果関係など知れていますが，それでもこうした並置に気づくことは，どうやら人間の精神に深く根づいているようです。

　人は，どこかちぐはぐで調和のとれていない並置に注意を引きつけられる傾向があります。縁石わきの地面に落ちたゴミにはめったに気づかないかもしれませんが，それがゴミ箱近くの地面に落ちているのが目に入ると，不快度が一気に増すものです。そして，並置が不調和どころか矛盾している，つまり互いの要素が完全に相反している場合，それは状況的アイロニーとなります。大量のゴミ箱が，それさえなければ手つかずの美しいビーチの景観を汚しているところを想像してみてください。このような光景の不条理は，悲劇というより滑稽さやアイロニーとして印象に残るでしょう。

　普段の通勤途中に，「優れた品をお約束しします」と誤って手書きされた店頭の看板を見かけたら，きっとおもしろいと感じるでしょう。店の立派な志と誤字の並置が不調和を生み出し，注意を引きつけられます。ただ，たしかにこれはユーモラスではありますが，それ以外に特に目立った点はありません。しかし，小学校の前に置かれた大きな看板に「優れた教育を約束しします」と書かれていたらどうでしょうか。学校の使命と誤字のあいだに矛盾が生まれ，状況的アイロニーに必須の要素をもたらします（この誤字のある看板の写真は，インターネット上のネタとして急速に広まり，アイロニーに関する本の表紙にも

使われました)。

　ただ，この学校の看板のミスはあまりにわかりやすすぎるかもしれません。結局私たちには学校や教育の意義がはっきりとわかっているからです。並置と矛盾の組み合わせから，ほかにどのような状況がアイロニックと感じられるのかが，予測できるのでしょうか。

　あるいたずら好きの子犬が本を手に入れたとします。本の背はひび割れ，表紙は引きはがされ，ページもかまれてしまいました。子犬の典型的な行動とかまれた対象の並置に際立った点はありません。もっとかむのに適した玩具などではなく，本をかじられてしまったのはたしかに不運ではあるものの，とりたてて注目するほどのことではありません(もっとも，その本が希少な初版本なら話は別ですが)。しかし，もし破壊された本が犬の訓練やしつけに関するものなら，犬の行動と本の目的との矛盾によって，この出来事はアイロニーの領域にまで押しあげられるでしょう。

　状況的アイロニーを引き起こす矛盾の要素によって，強盗に入られた警察署や火事になった消防署，「不測の事態」のために公演を中止する霊能者などになぜ人々が反応するのか，その理由について説明がつくでしょう。こうした予想の裏切りは，わたしたちの世界の認識に大きな影響を及ぼします。さらに，状況的アイロニーによく気づいてしまうのは，人間の認知の根本的な一面を反映しているともいえるかもしれません。ある状

況をアイロニックだと感じやすいということは，人間らしさの
基本的な側面なのです。それは認知システムの不具合などでは
決してなく，その特性だと考えられます。

共通基盤

　人は会話するとき，いろいろなことを考慮しなければなりま
せん。たとえば，会話の目指す先，状況のさまざまな側面，社
会慣習など。また会話は，互いに共有している過去によっても
左右されるでしょう。互いによく知る者同士の会話は，知らな
い者同士で行われる会話とは根本的に性格が異なります。友人
や恋人同士なら，以前のやりとりを活用することができます。
これは，単なる知り合い同士ではできないやり方です。両者が
互いについていろいろなことを知っていて，それを相手が知っ
てくれていると互いにわかっているとき，共通の知識，態度，
信念がやりとりに生かされるのです。このような状況を，互い
に共通基盤をもっているといいます。

　こうした共通知識とその帰結の好例は，ロマンチック・コメ
ディ映画「ブロードキャスト・ニュース」(1987) に見られま
す。電話での会話中，アルバート・ブルックス演じる役がホリ
ー・ハンター演じる同僚に「会わないか」ともちかけ，「あの
とき行ったあの近くのところで会おう」と言います。これに対
するハンターの返答は，「わかったわ」でした。ブルックスの
理解不能に思える提案とハンターの即答は，観ている人に二人

の近しい関係性を効果的に伝えています。

　言語の使用をつかさどる共通基盤の概念について説いたの
は，心理学者のハーブ・クラークと彼の学生たちでした。それ
以前にも相互知識の重要性を指摘した人はいましたが，その考
えが現代の形となったのは，クラークとエドワード・シェーフ
ァーによる1989年の論文においてでした。彼らは，会話する
者同士は互いに理解の証拠を求めてやりとりをチェックしなが
ら，発言と聞き入れの繰り返しをしていると提唱しました。こ
のような会話への貢献はおおむね，話者同士が互いに共有して
いると信じる共通基盤によって形成されています。この基盤づ
くりのプロセスについては，1991年にクラークとスーザン・
ブレナンが詳しく論じています。

　共通基盤が言語使用全般を理解するうえで重要なことはもち
ろんですが，それはまた，言葉のアイロニーがなぜある場合は
理解され，ある場合は不発に終わるのかを理解する助けにもな
ります。具体的にいえば，二人の共通基盤の量によって，言葉
のアイロニーの使用や認識に影響が出ることが判明しているの
です。わたしはある相関研究において，友人やクラスメート，
他者をどれほど親しく感じるかといった度合いと，その人たち
を相手にどのくらいサーカズムを使うかの頻度とのあいだにプ
ラスの関係性があることを示しました。この発見をもとに，わ
たしは推論可能性に関するある原理を提唱しました。すなわち，
相手が自分の伝達意図を正しく推察できると信じている場合，

人は気兼ねなく言葉のアイロニーを使えると感じます。しかし相手が知らない人などで，推察される可能性が低いと感じると，リスクを避けてそのような言葉は使わないでしょう。

　この推論可能性の原理は，文字どおりではない言葉の自然発生例を数百調べた分析により，さらに裏づけされています。その分析結果では，人は知らない人に比べて，知人や恋人に対しかなりの頻度で言葉のアイロニーやサーカズムを用いていました。なかでも，サーカズムは誤解される可能性が高いために，「リスクの高い」コミュニケーション形態と考えられています。このことは，電子メールなどの伝達手段に特に当てはまります。

　1996年の著書のなかで，ハーブ・クラークは共通基盤となる多くの形態を列挙しました。たとえばバス停で待っている知らない人同士であっても，共有している環境をうまく使えば，悪天候やバスの遅れなどにアイロニックな発言をすることはあり得ます。このような物理的に共有された特徴は，共通基盤の基本形となります。さらに重要なこととして，人はさまざまなコミュニティへの帰属を表明したりします。特定の色を着ることであるチームのファンだと示すなど，明示的に宣言することもできますし，礼拝に参加するなど，暗示的に一員であることを示す場合もあるでしょう。ほかの人たちは，その人がレッドソックスのファンなのか，同宗信徒なのかがわかり，こうした帰属意識を用いてその人とのあいだに共通基盤をつくることができるのです。

　コミュニティへの帰属とは,居住地,母国語,職業,支持政党,ある趣味への関心など,二人が共有できるものなら,ほぼ何でもかまいません。互いを知るための会話では,よく共通の知人や好きな料理など,接点を探すものです。二人とも同じ大学に通っていたとわかるのはすばらしいことで,そのような接点は他者との共通基盤を築く第一歩としても機能しているのです。

　のちの章では,言葉のアイロニーやサーカズムを伝える際に使えるさまざまなサインについて考察します。しかし,このようなサインを送ると,共通基盤がやや足りていない事実を認めていると思われてしまうかもしれません。そうしたしぐさは,互いのことをよく知らず,推論可能性が低いときにしか必要ではないため,親しい間柄の会話では余計であり,失礼とも受け止められかねません。

　言葉のアイロニーが最も説得力をもち,効果的に機能するのは,話し手が完全に無表情で感情が見えず,平然としているときでしょう。そのような表情は,ポーカーフェイス,真顔,すまし顔など,さまざまな名で呼ばれています。それに加えて,話し手がいっさい声に抑揚をつけずに話す場合もあるでしょう。こうした振る舞いは,仲のよい友人や恋人とのあいだの冷やかしやふざけ合いには大切な要素です。この種の無表情なアイロニーは,きわめてユーモラスなコメントとしても,悪意ある批判の形としても機能し得ます。

見せかけ

ショックだよ！　ここで違法賭博が行われているとはな。
──「カサブランカ」（1942）より，ルノー警察署長の台詞

　「見せかけ」とは，ソクラテス的アイロニー，言葉のアイロニー，アイロニー的態度といったさまざまなアイロニーの形態を結びつけられる可能性を秘めた概念です。すでに見たように，プラトンの対話篇に登場するソクラテスは，議論しているテーマについて無知を装っているかのように描写されていました。同じように，言葉のアイロニーを使う人は，実際とは異なる態度や考えをもっているふりをします。また無関心で冷めているように見える人は，多くの場合，自分自身や他人のことなど気にしていないふりをしているだけです。

　この考え方に従えば，アイロニーを言う人は自分の聴衆にちょっとしたショーを見せていることになります。しかし，これらのアイロニーの何がそれぞれ違うのかというと，それはショーの目的です。ソクラテスは，対話者の知恵を引き出したり，誤った考えを暴いたりするために無知を装いました。ソクラテス的アイロニーを用いる人にとっては，このベールが取り払われないことが重要です。一方，言葉のアイロニーの場合，少なくとも対象とする聴衆には，装っていることが透けてわかるようになっています。アイロニーを言う人はしぐさによるサインを駆使して，聞いている人に「ふり」をしていることをとにか

く伝えようとするでしょう。これらのサインについては，第7章でふたたび扱います。最後に，アイロニー的態度を装う人がゆがんだ見方をしたり，あざけるようなふりをしたりするのは，他人に傷つけられることから自分を守るためだったりします。

　言葉のアイロニーが意味をなす手段としての「見せかけ」については，主に二つの説明のなかで強調されています。ひとつめはH・W・ファウラーによるもので，『現代英語用法辞典』初版（1926）内のユーモアに関する解説に見られます。それから60年近く経ってから，ハーブ・クラークとリチャード・ゲリックがふたたび「見せかけ」に光を当てました。クラークとゲリックの考えが発表された当時は，ちょうどアイロニーとサーカズムが心理言語学者やその他の認知科学者らの実証研究の対象になり始めた頃でした。そのため彼らは，「見せかけ」に対するファウラーの初期の考えを，言葉のアイロニーの特徴を言い表す最適な方法について今日交わされている議論にもち込む役を担ったのでした。

　ファウラーが目指したのは，アイロニー，サーカズム，風刺，そのほかの形の「ユーモア」――この「ユーモア」の項に，彼は機知，シニシズム，毒舌などを含めています――といった，厄介な概念の曖昧さを解消するための指針を提供することでした。彼は表を作成し，そのなかで8タイプのユーモアについて，動機または目的，領域，方法または手段，聴衆の観点から説明しました。ファウラーのサーカズムの説明はかなり典型的で，

「他人の失敗や弱点を指摘することで苦痛を与えるユーモアの一種」としています。これは「反転」によって実現されるもので，聴衆には被害者と見物人が含まれています（被害者という概念は重要ですので，次章で個別に論じます）。

　一方，ファウラーによるアイロニーの分析は，主に「見せかけ」の概念に基づいています。その動機または目的は「排他性」です。アイロニーは事実の言明で実現されるとし，方法または手段は神秘化で，聴衆は「内集団」となっています。残念ながら，ファウラーは表のこれらの項目について詳しく説明していません。代わりに，この概念については多くのことがすでに書かれてきたので，「さらに細かい説明をしようとするのは厚かましく，また不要なことだろう」と述べています。その一方で彼は，同辞典のアイロニーの項で，ソクラテス的アイロニー，劇的アイロニー，運命のアイロニーには二重の聴衆が必要だと規定しています。具体的には，「聞いてもわかっていない人と，耳に聞こえること以上が意図されている場合にその意図にも，部外者がそれをわかっていないことにも気づいている人」であると述べています。

　クラークとゲリックは，言葉のアイロニーのエコー的言及理論（次章で論じます）の不適切さについての短い解説において，「見せかけ」に関する現代的解釈を提示しました。彼らの考えでは，アイロニストは「無知で無分別な人」のふりをして，見せかけの称賛や非難を口にしています。このときアイロニスト

と，想定された聴衆——ファウラーの言うところの「内集団」——はともに，2種類の被害者を想像します。つまり，アイロニストが装ってみせている無知な人と，アイロニストの言葉をうのみにしそうな，だまされやすい聴衆の2種類です。このようにアイロニストが，アイロニー的口調と呼ばれる特別な話し方——この現象については，第7章で説明します——を使ったりしながら，無知な人の真似をするというのは，ごく自然な行為なのです。

　また，「見せかけ」という分析は風刺を説明するうえでも役立つと，クラークとゲリックは述べています。たとえばジョナサン・スウィフトは，「貧民は自分の赤ん坊を食料として金持ちに売るべきだ」と真面目に提案する人物を装いました。これまでの説明でいけば，スウィフトと聴衆(読者)はそうした考えを本気で提案しそうな人のことを想像したり，作者のたくらみを見抜けずに信じてしまいそうな読者を想像して楽しむのです。しかしこの場合は，「内集団」が相当な大きさになるでしょう。というのも，スウィフトの提案(赤子売りとカニバリズム)はあまりに極端なため，真面目に受け取ってしまうほどだまされやすい人がいるとはまず考えにくいからです。

　ダン・スペルベルは，クラークとゲリックへの反論のなかで，1世紀の時点ですでにクインティリアヌスが，言葉のアイロニーの多くには「見せかけ」が含まれていないとして，アイロニーの「見せかけ」分析をはっきり否定していたことを指摘しま

した。加えて，アイロニーを言う人がいつも他人のふりをするとは限りません。ある人が車のわきにできた深い水たまりに鍵を落としてしまい，「いや最高！」とつぶやいた場合を考えてみてください。このような発言は明らかにアイロニーですが，この巧みな発言を理解する聞き手はそこにいません。このときアイロニーを言う人は，言葉の真意をつかめない愚かな人のことを想定しているでしょうか。そう考えるのは，やや無理があるでしょう。なぜなら，このような自身へのアイロニーは，ふりをしたり，あざむいたりしようとして念入りに組み立てたものというよりは，反射的な発言に近いと思われるからです。

　まとめると，アイロニーのなかにはある程度の「見せかけ」を伴うものもありますが，言葉のアイロニーのすべてに「見せかけ」が必要なわけではありません。また「見せかけ」は，間接要求，風刺，ごっこ遊びなど，別形態の発話や行動の特徴でもあります。「見せかけ」は，ある発言がアイロニーであるかを決定するための必要条件でも十分条件でもないかもしれませんが，ただ，何らかの文字どおりではない意味が意図されていると気づくヒントにはなるでしょう。

情動反応の非対称性

　理論的には，起こったことと言っていることが大幅に食い違っていれば，どんなものにでも言葉のアイロニーを感じられるはずです。しかし実際には，わたしたちは特定の対比表現にか

たよりがちです。たとえば，寒くて風の強い日に「なんてすば
らしい天気なの！」と言うように，人はよくアイロニーを用い
て否定的な結果に肯定的な評価をします。ではその反対，つま
り肯定的な結果に否定的な評価をする場合はどうでしょうか。
この場合も食い違いの度合いは同じですから，同様に作用する
はずです。ところが，そうした発言には違和感があります。先
ほどの肯定的な例と，暖かく晴れた日に「なんてひどい天気な
の！」と言った場合とを比べてみてください。聞いた相手は明
らかなアイロニーとは受け取らず，言った人が混乱しているか，
勘違いしているか，はたまた単純に機嫌が悪いのかと思ってし
まうかもしれません。こうしたアイロニーの肯定的評価と否定
的評価の差を，情動反応の非対称性といいます。

　この非対称性がもたらす結果については，さまざまな研究で
報告されています。たとえばクリステン・リンクとわたしが行
った研究では，否定的な結果に対する肯定的な評価（これを標
準的アイロニーと呼びます）と，肯定的な結果に対する否定的
な評価（非標準的アイロニー）とを参加者に読んで評価しても
らいました。その結果，非標準的アイロニーよりも標準的アイ
ロニーの発言を読むスピードのほうが速く，アイロニー的だと
評価されました。事実，参加者は標準的アイロニーの発言を，
同等の文字どおりの発言と変わらぬ速さで読み，理解していた
のです。

　このような違いが出る理由について，複数の研究者がさまざ

何かを述べるときには，
自分や他者についての根本的な考え方，
現実とその因果関係に対する理解，
そして未来への希望や恐怖などが
現れ出るものなのです。

まな説明を提示していますが，そのひとつに，標準的アイロニーは「世界をどう考え，どう判断しているか」という人間の認知バイアスを反映するものだという論があります。話したり書いたりするとき，わたしたちは単に言葉を発しているだけではありません。何かを述べるときには，自分や他者についての根本的な考え方，現実とその因果関係に対する理解，そして未来への希望や恐怖などが現れ出るものなのです。その例として，ジェリー・ブーシェとチャールズ・オスグッドは，評価用語を使う際にこうしたバイアスが生じることを実証してみせました。そこでわかったのは，さまざまな言語圏において，肯定的な評価用語のほうが否定的なものよりも頻繁かつ多種多様に用いられているということでした。

　いったいこれはなぜでしょうか。このような違いを説明するのに，ブーシェとオスグッドは「ポリアンナ仮説」と称するものを提案しました。彼らの説明では，エレナ・ホグマン・ポーターの小説に出てくる同名の主人公に見られるように，楽観的な見方を反映した肯定バイアスがかかり，それは話し手の言葉の使い方に表れるといいます。このポリアンナ仮説は，マーガレット・マトリンとデイヴィッド・スタングによって「ポリアンナの原理」と呼べる段階にまで発展させられました。彼らは，言葉だけでなく記憶や認知全般にも肯定バイアスがあることを示す広範な証拠を発見しました。たとえば，複雑なプロジェクトを完成させるのにかかる時間について，人は楽観しすぎる傾

向があります。このバイアスは，決して子どもっぽい考えの甘さを映し出しているわけではなく，過去，現在，未来についての人々の考え方の結果だと理解することが重要なのです。

　これらの考えを念頭に入れておくと，言葉のアイロニーを使うときになぜ情動反応の非対称性が生じるのかが理解しやすくなるでしょう。人々はさまざまな場面で前向きな期待を抱きます。「事業は成功するはずだ」，「人は助けてくれるものだし，思いやりがあるはずだ」，「いい天気になるはずだ」というようにです。しかし，現実はわたしたちの願いや望みをしばしば避けていくものです。そうなったとき，わたしたちは標準的アイロニーを用いて，これらの肯定的な文化規範を呼び覚ますことができます。そうすることで，求めたものと結果的に得られたものとのずれを強調できるのです。だから，「いや最高」や「ご協力ありがとう」，「なんて美しい日なの！」といったアイロニー的発言は，物事が計画どおりにいかなかったり，望んだものが得られなかったりしたときに呼び起こされる肯定的な文化規範のこだま（エコー）として聞こえるでしょう。

　しかし，場面によっては，非標準的アイロニーの発言が標準的アイロニーと変わらないくらい妥当に感じられることもあります。予測の失敗などがそのよい例でしょう。ある人が出かける予定の前日に悪天候を予測したものの，当日は暖かく気もちのよい天気になったとします。そのとき，ほかの人はこの予測の失敗をサーカズム的に繰り返すことができるでしょう。つま

アイロニー的発言は，
物事が計画どおりにいかなかったり，
望んだものが得られなかったりしたときに
呼び起こされる肯定的な文化規範の
こだま（エコー）として
聞こえるでしょう。

り、「なんてひどい天気なの！」のようなアイロニー的発言は非標準的であっても、相手の言葉を繰り返すことによって被害者に予測の失敗を思い出させる場合は、アイロニーとしてすんなり認識されるのです。アイロニー的発言の被害者となる人が果たす重要な役割については、次章で考察します。

　また、予想するものが否定的である場面についてはどうでしょうか。人は未来のあらゆる事象に、いいことを期待するわけではありません。わたしたちの住む世界では、戦争や飢餓、自然災害などが痛ましいほど頻繁に起こります。このような場合、これらの否定的な予想をエコーさせることになるため、非標準的アイロニー、つまり肯定的な結果に対する否定的な評価は適切だと受け取られるはずです。たとえば、ある兵士が戦闘の偵察中に偶然にも年代物のワインの貯蔵場所を見つけた場合、彼の「戦争は地獄だ！」という非標準的な発言は、アイロニー的な評価として機能するでしょう。武力紛争中にどんな予想が支配的になるかを考えてみれば、思いがけない幸運は予測から著しく逸脱したものとなります。このような状況下では、アイロニーのルールも変化するのです。

　言葉のアイロニーの使用における情動反応の非対称性については、ほかにも考えられる説明が研究者によって提示されています。たとえばジェフ・ハンコックらは、「すてきなネクタイですね」（標準的アイロニー）のようなアイロニー的批判のほうが、「ひどいネクタイですね」といった非標準的アイロニーに

よるほめ言葉よりも，礼儀正しくユーモラスに感じられること
を明らかにしました。礼儀正しさとユーモアはどちらも会話で
目指すべき重要なものですから，この研究結果は標準的アイロ
ニーのほうが非標準的アイロニーよりも頻繁に用いられる理由
を説明し得ているといえるでしょう。また，ハンコックの解釈
とポリアンナの原理は互いに相容れないものではないので，ど
ちらの説明も正しいのかもしれません。つまり，人が言外の意
図を伝えるために肯定的な言葉を用いる理由は，たくさんある
かもしれないのです。

第4章

サーカズムを成立させる条件とは?

　言葉のアイロニーとサーカズムに対する人々の理解の仕方を詳しくとらえるには，他者の思考を理解するわたしたちの能力や，アイロニーの被害者となる人が果たす役割など，さらなる要素を考慮する必要があります。あわせて，言葉のアイロニーがどのように理解されるかについて検討した数多くの理論についても見ていきましょう。

心の理論

　テレビドラマ「ビッグバン★セオリー ギークなボクらの恋愛法則」でジム・パーソンズ演じるシェルドン・クーパーは，優秀な理論物理学者です。しかし，彼にはサーカズムを理解する能力が著しく欠けており，このことはドラマ初期の数シーズンで繰り返し強調されました。シェルドンのこの欠点にはっきりとした診断がくだされることはありませんが，多くの視聴者

は彼が自閉症スペクトラム障害 (より具体的にはアスペルガー症候群。ただし, 現在メンタルヘルスの専門家のあいだでこの用語が使用されることはなくなりました) ではないかと考えています。結論からいうと, たしかに発達障害をもつ人の多くがこのような問題を抱えています。ですが, 彼らの問題は言葉のアイロニーだけではありません。こうした患者は「心の理論 (略してToM)」が十分に発達していないことが, 根本にある問題なのです。

　心の理論とは, 他者の考えを理解する力, そして人が他者の考えをどう思っているのかを推察する力のことです。生まれながらにこの力が備わっている人はおらず, 子どものうちに社会に適合する過程を通じて徐々に身につけていくものです。したがって, 発達障害のようにこの過程を妨げるものがあると, 「マインド・ブラインドネス (人の心が読めないこと)」と総称される機能障害につながる可能性があるのです。

　発達研究者たちのあいだでは, 特に誤信念と関連するToMの側面に注目が集まっています。一次的誤信念とは, 「人は世のなかの事象について誤った信念をもつ場合がある」と認識することをいいます。臨床実験では, ほとんどの3歳児はこの能力を示すことができません。彼らは真実ではない発言はすべて嘘と解釈しがちです。一方, 5歳以上の健常児は, 通常, 他者の信念や発言には誤りがある可能性を理解できます。

　二次的誤信念は, より高次の心の理論を反映し, 「他者が別

の誰かのあることに対する信念について誤った信念をもつ場合
がある(たとえば,『アリスはジョンが説明書を読んだと信じ
ている』など)」と認識することをいいます。この能力が表れる
のはもう少しあとで,なかには6歳でできるようになる子も
いますが,ほとんどは7~9歳でできるようになります。本書の
目的にとってきわめて重要なポイントとして,この二次的誤信
念を理解する能力が,語用論で扱うような複雑な言語形式を解
釈するためには必要不可欠といえます。語用論的理解とは,文
脈や社会的要因を手がかりに,曖昧になり得る発言を理解する
ことです。こうした文脈に縛られやすい言語形式には,冗談や
たわいのない嘘,そのほかの「見せかけ」を伴う言語形式など
があります。また,心の理論はさまざまな形のアイロニーを理
解するうえでも役立ちますが,サーカズムの理解には特に欠か
せません。

　例として,「ビッグバン★セオリー」の場合を考えてみまし
ょう。シェルドンはある友人のよい知らせを十分に喜んであげ
なかったせいで,怒らせてしまいました。シェルドンのルーム
メートのレナードは「満足かい?」と尋ねます。シェルドンは
その質問について少し考えてから,「まあ,そうだね」と答え
ます。こう返事をしたことで,シェルドンは,一度にいくつも
の社会的罪を犯してしまいました。つまり彼は,レナードの優
しそうな口調が見せかけだと気づけず,空気を読めずに友人た
ちのいらだちを察知できず,典型的な修辞的疑問を返答する必

89

要がある文字どおりの質問だと思ってしまったのです。このような返答は，共感力に欠けているか，非常に自己中心的に見えてしまい，社会的孤立へとつながる負の連鎖をつくり出しかねません。

　誤信念を正しく読み取る能力の習得に支障が出たり，遅れたりするのにはさまざまな要因があり得ます。たとえば，重度の聴覚障害をもつ成人で，幼少期に手話を習得するのが遅れた人はサーカズムの理解に苦労すると，複数の研究で明らかにされています。このことは，注意欠如・多動性障害（ADHD）や脳性麻痺の子どもにも当てはまります。

　心の理論は徐々に習得されるものですが，同様に徐々に失われる場合もあります。たとえばキャサリン・ランキンの研究で，右海馬傍回がサーカズムを感知する役割を担う脳領域であることが特定されていますが，前頭側頭型認知症のように，この部分の構造に影響を及ぼす疾患は，心の理論を大きく損なう可能性があるといいます。そのほか，パーキンソン病などの神経変性疾患も同様です。この脳領域はおそらく社会文脈を理解する役割を担っているため，ここに乱れがあると語用論的機能障害につながってしまうことは容易に理解できるでしょう。

　前頭前野などの別の脳領域もまた，サーカズムの理解の低下に関連しているとされています。この知見は，閉鎖性頭部損傷を負った人や，アルコール依存症による神経毒作用を経験した人がわずらう障害と一致します。なぜなら，どちらの場合も前

頭前野に損傷を負うことが多いためです。

　心の理論と誤信念に関する研究は，言葉のアイロニーとそのほかの文字どおりではない言語形式とのあいだに深い関係性があることを示しています。サーカズムと嘘は明らかに違うものですが，どちらも二次的誤信念を見きわめる能力に大きく依存しています。この観点からすると，言葉のアイロニーとサーカズムは決して特異な言語形式などではなく，言語理解のそのほかさまざまな側面に関わっている認知プロセスに同じように依存しているといえます。

標的と被害者の存在

　言葉のアイロニーとは，ほめてけなすこと，またはけなしてほめることのどちらかを伴うものとされています。どちらにおいても，ほめられたりけなされたりするに値する人や事物，つまり標的ないし被害者がいることが前提になっています。ですが，本当にいつもそうなのでしょうか。

　多くのアイロニー的発言には，標的はいても被害者はいません。お決まりの「なんてすばらしい天気なの！」もその好例です。なぜなら，これは人への批判ではなく，誰のせいでもない状況への批判だからです。一方，同じ発言を，誤ってよい天気を予測した人の前で言ったとしたら，その人を批判することになります。たいていの言葉のアイロニーとは対照的に，サーカズム的発言にはこうした被害者がいるのが一般的です。ファウ

言葉のアイロニーとサーカズムは
決して特異な言語形式などではなく，
言語理解のそのほかさまざまな側面に
関わっている認知プロセスに
同じように依存しているといえます。

ラーにとって，被害者の存在はサーカズムをアイロニーから区別する重要な要素です。しかしスペルベルが指摘しているように，アイロニー的発言にも被害者がゼロの場合もあれば，ひとり，あるいは大勢いる場合もあります。さらに，被害者になる状況もさまざまです。

　D・C・ミュケは，『アイロニーのコンパス』（1969）のなかで，被害者をさまざまなタイプに区別しました。ひとつめは，アイロニーを言う人が被害者に直接言うか，または第三者との会話のなかで被害者について言及する場合です。二つめとしては，さまざまな理由で被害者自身がアイロニー的発言の対象になっていることに気づいていない状況を挙げています。たとえば，よくわかっていない人は，はっきりと言われたほめ言葉に気を取られて，表面下にひそむ非難を理解できなかったりします。このカテゴリーにミュケは，父を殺した犯人に復讐すると誓うオイディプスのように，「自分自身の言葉に裏切られていることに気づけない人」も含めました。この種の発言では，劇的アイロニーとして前述した緊張感が生まれます。最後にミュケは，アイロニーと取れるような状態に自分の身が置かれていることに気づいている人も，被害者としています。この種の自己認識的アイロニーには，状況的アイロニーや宇宙的アイロニーの多くの事例が当てはまるでしょう。

　のちの節で見ていくように，アイロニーとサーカズムは風刺によく用いられます。風刺という形式には，ほぼ例外なく被害

者が伴います。個人あるいは集団が直接名指しで非難されたり，そうでなくても誰のことか容易に推察できるようになっています。そして被害者は，攻撃的な言葉のアイロニーだけではなく，ユーモアを意図したアイロニーにも不可欠な要素なのです。とはいえ，よく知られているように，害のない冗談とからかい，また，からかいと完全なあざけりとの境界はぼんやりとしているものです。被害者がこのような扱いを渋々でも受け入れるかは，アイロニーを言う人との関係性やその場の状況に大きく左右されます。そのため被害者としての意識は，絶対的ではなく主観的です。サーカズム的発言の標的になった人は，自分が被害者だと気づきもしないかもしれませんし，たとえ気づいても怒らずにいようと思うかもしれませんし，被害者役に追いやられてひどい屈辱を感じるかもしれません。

　クリストファー・リーとアルバート・カッツによる実証研究では，サーカズムと感じるかアイロニーと感じるかという知覚の違いを見いだす重要な方法として，特定の被害者に対するあざけりが挙げられています。同研究の参加者たちは，話し手が自分自身の予測が失敗したことについて自虐的なことを言ったときよりも，別の誰かの予測の失敗についてそれとなく話したときのほうが，サーカズムに感じられたといいます。一方，参加者の第２グループにアイロニーの感じ方を尋ねると，予測をはずしたのが話し手自身か他者かの違いは，さほど重要ではありませんでした。ここからリーとカッツは，サーカズムは他者

の過ちをあざける具体的な手段とみなされており，一方のアイロニーは，天気のような特定の標的をもたない場面や，予測がより漠然としている状況に対するコメントとして用いられると結論づけました。

アイロニー的含意

　言葉のアイロニーの理解に関する現代理論の礎は，イギリスの言語哲学者，H・ポール・グライス（1913〜1988）の画期的な研究によって築かれました。彼は1970年代に，非常に影響力のある2本の論文を発表しました。そのうち先に発表された「*Logic and Conversation*（論理と会話）」で，彼はすべての会話の基礎として機能する包括的な概念を打ち出しました。その協調の原理では，人々は互いに効果的にコミュニケーションをとるために，誠意をもって協力し合うと規定されています。この原理に基づき，グライスはさらに，話し手は，量（言うことに過不足がないようにする），質（真実を伝える），関連（関連性のあることを言う），様態（明確に，曖昧さを避け，簡潔に順序立てて話す）という4つの会話の格率を忠実に守っていると主張しました。

　これらはすべて見事に合理的で，むしろ当然のことのように思えるかもしれません。しかし少し考えてみれば，日常会話のなかで話し手がこれらの格率からしょっちゅう逸脱しているのがわかるでしょう。会話の相手がくどくどと無関係な話をし，

不明瞭で，話す順序もめちゃくちゃだったときのことなど，すぐに思い出せるはずです。グライスはこの事実を認めたうえで，自身が生み出した一見矛盾しているものに対する解決策を提示しました。話し手が格率を破ったとき，聞き手は依然として相手が協調原理に従っていると考えることができるとしたのです。そのときは，何が言われたかを見通し，何が意味されたかに到達することが聞き手の新たな任務となります。

　このプロセスのしくみでは，グライスが「会話の含意」と呼ぶものが発生します。これは，聞き手が行う文脈固有の推論のことです。このような含意によって，聞き手は相手側の非協力的に見える行動を理解できるのです。たとえば，自分たちの共通の知人の休暇先について友人に尋ねるとします。ここで「ニューイングランドのどこか」といった答えが返ってきた場合，きっとそれはあなたが欲した回答より具体性に欠けるでしょうから，量の格率に違反しているように思えるかもしれません。ですが，この一見したところの協調性の欠如を理解するために，あなたは容易に含意を生成できます。ここでは，「きっと友人は，知人の休暇先をちゃんと知らないのだ」といった推論ができるでしょう。それに，もし友人がどこかの州や都市を言ってしまうなど，より詳細な返答をでっちあげたりしたら，それこそ重大な違反になってしまいます。これだと量の格率に従おうという精神は満たせるかもしれませんが，そのために嘘かもしれないことを言って，質の格率に違反するという代償を支払っ

てしまうからです。

　グライスは，メタファーや誇張法，そして言葉のアイロニーといったいくつかの文字どおりではない言語形式について，質の格率に違反しているようにも見えるかもしれないと述べています。しかしアイロニーの場合，言われたことと逆の意味などの関連する命題についてよく考えてみれば，見えすいた嘘の主張を読み取ることは可能です。

　同テーマを扱った次の論文で，グライスは自身が以前に打ち出した言葉のアイロニーの問題に対する解決案がやや安直だったかもしれないと認めました。彼は自身の考えを肉づけするにあたり，アイロニーには「見せかけ」が不可欠な要素であると思われるため（前章で扱った問題です），人々がアイロニー的意図を直接伝えるというのはおかしいと主張しました。グライスには，アイロニーとはその人の態度，感情，あるいは評価を伝達するものであり，そうした発言がふさわしい口調と組み合わさったときに，聞き手は話し手の言外の意図を推察できるはずだと考えたのです。

　グライスの考えは，ほかの人々によってさらに展開されていきました。なかでもアメリカの哲学者ジョン・サールが有名です。彼の主張によると，発言の文字どおりの意味に何らかの「欠陥がある」場合，聞き手は異なる解釈を探さなければなりません。会話の含意を引き出したり，代わりの説明を探し求めたりするということは，すなわち，文字どおりの言葉よりも文字ど

おりではない言葉を理解するほうが時間を要するということを意味するはずです。サールの考えをこのように定式化すると，哲学的概念が検証可能な科学的仮説となります。

　この問題を調査するため，実験心理学者らは理解における時間経過を測定する方法を生み出し，研究を行いました。サールの説を検証するためにいくつか実験が設計され，実施されましたが，いずれも立証には至りませんでした。これら理解研究の参加者たちは，十分な文脈が与えられれば，言葉のアイロニーも，同じ意味をもつ文字どおりの発言と同じくらいの速さで理解することができました。つまり，人は雨の日の物語を読んでいるときなら，「なんてすばらしい天気なの！」といったアイロニー的発言も，「なんてひどい天気なの！」のような文字どおりの発言と同じくらい容易に理解できるのです。メタファーや慣用句など，ほかの修辞的言語形式の研究者たちからも，似たような結果が得られています。これらの知見からは，聞き手がこうした発言を文字どおりに欠陥とみなすことで，言外の意味に到達しているわけではないことが強く示唆されています。

　グライスとサールの説は心理学の研究において奏功しませんでしたが，彼らのアイデアは言葉のアイロニーの理解に関する新たな理論を発展させるきっかけとなりました。ここからは，その新たな説を見ていきましょう。

言葉のアイロニーの理論

　これまでにわたしたちは，前章で扱ったファウラーによるユーモアと「見せかけ」の概念，および前節で見てきたグライスによる会話の含意の概念と，言葉のアイロニーに関する理論として提唱された二つの説を考察してきました。それ以外にも，実験心理学者や言語学者，その他の認知科学者たちが多くの説を提示していますが，本節の目的はそうした取り組みを徹底的に検証することではなく，これまでに提唱されてきたそれらの説の全体像を示すことにあります。これらの考えをより深く探求したい方は，関連する文献をあたってみてください。

　まず，アイロニーとサーカズムをどう定義するかについて一致した意見が得られないことが，この分野における理論構築の妨げになってきた事実は認めなければなりません。多くの研究者は単にサーカズムを言葉のアイロニーと同一視するか，ユーモアといったこの言語形式と関連のある特定の会話目標のみに着目してきました。その結果，わたしたちは気づけば，「人々が同じ象の異なる部位をそれぞれ触ったために，象の形や構造についてまったくばらばらの結論にいきついてしまった」という寓話と同じ状況におちいっているといえるかもしれません。言葉のアイロニーの場合であれば，ある一種のアイロニー的発話を説明し得る理論が，別種の発話の説明にはうまく当てはまらなかったりするのです。

エコー的説明

　情動反応の非対称性に関する先の考察のなかで，アイロニー的発言がしばしば一般的な文化規範や期待（「なんて美しい日なの！」など）をこだま（エコー）することに触れました。こうしたエコーの重要性は，1981 年にディアドリ・ウィルソンとダン・スペルベルが発表した論文によって注目を浴びました。彼らはその後の多くの出版物で，関連性理論と呼ばれる一般的な理論の枠組みにおいて自分たちの考えを展開しました。彼らのアプローチの中心にあるのは，グライスによる関連性の概念です。二人が述べているように，「発話によって生じる関連性への期待は，聞き手を話し手の意図へと導くためには十分正確であり，また十分に予測可能なもの」です。この観点から見ると，アイロニーを言う人はある考えを述べるために，それをそのまま言葉にするのではなく，エコーさせて自分の意見を言っていることになります。言葉のアイロニーの場合，こうした考えは，たとえば雨の日の天気について表向きに肯定的な発言をするなどのように，非難や失望を中心に展開されることが多くなります。しかし，サルヴァトーレ・アッタルドはアイロニー的発言は必ずしも否定的に意図されているわけではないと指摘し，エコー的解釈全般を批判しました。この問題については，第 6 章でふたたび扱います。

見せかけとエコーのハイブリッド

　サム・グルックスバーグとわたしは，スペルベルとウィルソンのエコー的説明に修正を加え，言葉のアイロニーの目的とは，世間一般的な期待，もしくは被害者となる人による特定の予測のどちらかを聞き手に思い出させる（リマインド）ことだと主張しました。わたしたちはリマインドのほうがエコーより一般的であることを示唆したうえで，さらに「見せかけ」が果たす役割も認めることで，より包括的な説明を目指しました。このアプローチは，クモン＝ナカムラ，グルックスバーグ，ブラウンのほのめかし偽装理論によってさらに拡大されました。この観点によると，言葉のアイロニーとは文化規範や期待が破られたことをほのめかすものです。しかし，これはまた，話し手側の語用論的不誠実さ，すなわち会話の通常ルールを破ることにもなります。ここでもまた，言葉のアイロニーの現象についてより一般的な説明をすることが目的でした。

デフォルト性と段階的権限性

　言語学者のレイチェル・ジオラが提唱したところによると，言葉を理解する際，わたしたちの認知システムは単語やフレーズの最も典型的，いわばデフォルトとなっている意味に自動的にアクセスするといいます。例として，「彼は最も熱心に授業を聞く生徒というわけではない」といった発言について考えてみましょう。この主張には「その生徒は上の空だ」という明確

な文字どおりの解釈がありますが，通常こうした見解にはサーカズムが意図されていて，ひかえめな表現形式で言い表されています。ここでのデフォルトはサーカズム的解釈となるので，聞き手はまず先に言外の意味を考えようとするでしょう。このフレーズのデフォルトではない意味ももちろん理解できますが，その場合のプロセスは文脈に依存し，自動的にはいかないため，少し余計に時間がかかってしまいます。このアプローチなら，「農場を買う（buy the farm）」のようなおなじみのイディオムが，なぜ「不動産を購入する」という文字どおりの意味ではなく，「死んだ」とすぐに解釈されるのかについても説明がつきます。デフォルト性は段階的顕現性として知られる，より大きな理論的枠組みの一部です。ジオラと共同研究者たちは，この概念を裏づける膨大な経験的証拠を蓄積しています。

制約充足

　心理学者のペニー・ペックスマンは，言葉のアイロニーについて興味深い解釈を展開しました。それには，本章と前章で扱った言葉のアイロニーとサーカズムの前提条件のいくつかと，第7章で説明するサインの多くが取り入れられています。彼女のアプローチを理解するために，次の例を考えてみましょう。

　あなたと友人が地下鉄で移動中に，電車が急停止したとします。車掌から，線路内のがれきを撤去するために遅れが生じる旨の車内アナウンスが流れます。すると友人はあなたのほうを

向いて，こう言いました。「最高だわ！　午後はずっとこのトンネルのなかで過ごしたいと本当に思っていたの！」

　この友人の発言を，あなたは何とおりかに解釈できるでしょう。彼女の主張は，興奮を文字どおり表現したものかもしれませんし，たわいもない嘘かもしれません。いらだちを訴えるサーカズム的表現かもしれません。これらの選択肢は，理解の困難さに対する解決案と考えることができます。ペックスマンいわく，人は「並列制約充足」と呼ばれるプロセスを通じてさまざまなソースからの情報を組み合わせることによって，意図された意味に到達できるといいます。ここでは，話し手の特徴（友人はサーカズム的発言をよくする），世界認識に基づく予測（大半の人は，地下に閉じ込められて楽しいとは思わない），使われている特定の単語（「最高」，「本当に」，「午後はずっと」）などが挙げられるでしょう。これら特定のサイン一式が引き金となり，認知システムはある特定の解釈に行き着きます。この場合，友人は言葉のアイロニーを使って，遅延に対するいらだちを表現している，となるわけです。

　このアプローチの魅力的な点は，私たちはこのような発話も，知覚や意思決定といったそのほかの認知的側面の根底にある精神機能を使って理解していると示唆されることです。言葉のアイロニーは，ある種の特異な発話ではなく，ほかのさまざまな推論過程でも用いられている心の動きを介して理解されているのです。

言葉のアイロニーは，
ある種の特異な発話ではなく，
ほかのさまざまな推論過程でも
用いられている心の動きを介して
理解されているのです。

第5章

アイロニーと似て非なるもの

多種多様な状況，現象，さらには文学の分野までもがアイロニーの概念と関連をもち，またさまざまな形で重なり合う部分をもっています。本章では，偶然の一致，パラドックス，風刺，パロディにおけるこの重複について説明していきます。

偶然の一致

日々の会話のなかで，「偶然の一致」という用語は，よく状況的アイロニーの同義語として用いられます。たとえばある人は，「ちょうど朝のランニングが終わる頃になって雨が降りやむなんて，皮肉なものじゃないか？」などと修辞的な言い方をするかもしれません。こうした例の多くは，特に二つの事象が深い意味や重要性で結びついていないのなら，おそらく「偶然の一致」と表現したほうがふさわしいといえるでしょう。物事というのは常に起こり，ときに同時に起こるものです。だから

といって，このような並置はアイロニーなのでしょうか。また
それらをどう呼ぶかは本当に重要な問題なのでしょうか。

　偶然の一致をアイロニーと呼ぶことは，そのような用法をあ
からさまに嫌悪する規範主義者たちの怒りに触れることになり
ます。彼らにとって，それは言語を堕落させる不正確さの一形
態であり，慎重に避けなければならない間違いです。家族的類
似の観点からすると，たしかに偶然の一致の概念は，アイロニ
ーの概念とある程度重なる部分があるといえるでしょう。とは
いえ，両者に共通する特性はそう多くありません。偶然の一致
は並置と不調和を伴いますが，反事実的ではなく，「見せかけ」
もありません。期待がはずれたことをほのめかしはするかもし
れませんが，それは明示的なエコーとは異なります。偶然の一
致には被害者がいて，ユーモアや批判を伴う場合もありますが，
心底ユーモラスだったり痛烈だったりすることはめったにあり
ません。つまり，偶然の一致とアイロニーのあいだの家族的類
似は，きょうだいよりも，いとこに近いといえます。

　アイロニーと偶然の一致を同一視するかをめぐる白熱した論
争は，しばらく前からずっと続いています。ファウラーの『現
代英語用法辞典』の初版（1926）では，「"アイロニー"の語を，
（中略）奇妙な出来事のどんなささいなものに対しても使うこ
とは反対されるべきである」と主張されていました。70年後
の第3版では「この薄まった使用は定着したようだ」と認めら
れ，さらに2015年に出版された第4版では，アイロニーの「漠

然とした，薄められた新たな意味」について悲観的に言及され
ています。

　2015年版の『ニューヨーク・タイムズの文章マニュアル』
には，「"irony" や "ironically" を，事象の不調和な展開を意味
するといった，よりゆるい用法で使うことがよくある。どんな
に甘く見ても，偶然の一致，珍しいこと，奇妙なこと，パラド
ックスのすべてがアイロニーであるわけではない」と書かれて
います。興味深いことに，1999年版にはこのあとに「アイロ
ニーを入れる場合，それが洗練された文章となるかは，読者が
それに気づくかどうか次第である」という別の文章が続いてい
ましたが,現在の版からは削除されています。ひょっとすると,
その時点で編集者は負け戦をしていることに気づいていたので
はないでしょうか。

　この論争を支持しない声はほかにもあります。『アメリカン・
ヘリテージ英語辞典』のironicの用法の注釈には，その区別に
ついて「ときに "ironic" や "irony" や "ironically" といった語
は，単に "coincidental（偶然の）" や "improbable（起こりそ
うもない）" などと表現したほうがよさそうな事象や状況に対
して，人間の虚栄やずうずうしさへの教訓も特にないまま誤用
される場合がある。このような使用に対する抵抗はいまだ根強
い」と書かれています。この用法の注釈は，単語の意味や文法
構造の「容認性」に関する年次調査に回答しているジャーナリ
スト，作家，学者，およそ200名からなる，辞書の有識者委

員会によるデータによって裏づけされています。委員たちは，次の文章の容認性について何度か回答を求められました。ニューヨーク州イサカ出身の女性がカリフォルニア州に移り住み，そこで同じくニューヨーク州北部出身の男性と出会って結婚したという内容で，その帰結の説明に ironically という単語が用いられています。1978年には，委員の78%がこの用法を否定しました。同じ文章を含む2016年の調査では，委員の63%から問題ありと判断されました。前回よりも数は減っていますが，依然として多数派を占めています。態度はやや軟化してきているようではあるものの，アイロニーを偶然の一致と同一視することは，少なくとも一部からはいまだに意味論的に違反しているとみなされているのは明らかです。ただし，この推移は年月とともに変わっている識者委員会の委員構成とも関係しているかもしれません。

　この議論をより詳しく検討するために，もっと大きな問題について考えてみましょう。そもそも，偶然の一致とはいったい何でしょうか。予想はつくかもしれませんが，さまざまな辞書がさまざまなアプローチをとっています。そのうちのメリアム＝ウェブスターは，「たまたま同時に起こり，何らかの関連があるように見える事象の発生」と定義しています。いうまでもなく，この定義づけには解釈の余地が多く残されています。なぜなら，「何らかの関連」の感じ方はどうしても主観的になるからです。

　コメディアンのジョージ・カーリンの本『脳のフン』に，この主観性を示す好例が見られます。彼はアイロニーの概念について，相反するものと関係があるのであって，「偶然の一致とは関係ない」と述べました。この主張を示すのに，彼は次のようなものを含むいくつかの例を挙げています。「インスリン薬を買いにいく途中の糖尿病患者が，暴走トラックにひかれて亡くなってしまう。彼は偶然の事故の被害者だ。もしそのトラックが砂糖を運搬していたなら，彼は妙な詩趣のある偶然の一致の被害者だ。だが，もしそのトラックがインスリン薬を運搬していたなら……ああ！　彼はアイロニーの被害者になる」。一見したところ，砂糖を運搬中のトラックより，インスリン薬を運搬中のトラックにひかれる糖尿病患者のほうがアイロニーっぽく感じられ，カーリンの主張には説得力があるように思われます。ですが，おそらく「糖尿病─砂糖のトラック」の並置も同様にアイロニーだと考える人は大勢いるでしょう。糖尿病と砂糖のあいだにも「何らかの関連」が間違いなく存在していて，こうした組み合わせを単なる偶然の一致以上のものに変えているように見えるからです。

　一方，もっと単純そうな例もあります。O・ヘンリー著の『賢者の贈り物』（1905）では，互いのために最高のクリスマスプレゼントを探し求める若い夫妻，ジムとデラの物語が描かれています（以下ネタバレ注意！）。贈り物を買うために，二人はともに自分のとても大切にしているものを犠牲にします。デラ

は，ジムに懐中時計用のプラチナのくさりを買うために，自分のつややかな美しいロングヘアを切ってお金に換えました。一方ジムは，デラに飾り櫛を買うために，自分の懐中時計を売りました。こうして二人の行動は，互いの贈り物の価値を台無しにしてしまうのです。この物語は，状況的アイロニーとして最もよくとらえることができ，劇的アイロニーも少し加味されています。なぜなら，ジムとデラがクリスマスを祝うために会う前から，読者には苦い結末になることがわかっているからです。この結末を単なる偶然の一致と呼ぶのには違和感があります。それだと，ジムとデラの犠牲によって生まれた，奇妙にも対称的な結果の効果が薄れてしまうでしょう。だからといって，この物語は『アメリカン・ヘリテージ英語辞典』に定義されているように，「人間の虚栄やずうずうしさへの教訓」をもたらすレベルに達しているでしょうか。もっとも，虚栄とずうずうしさを判断する必要十分な基準について，幅広い意見の一致があると考えること自体が難しいでしょうけれど。

　状況的アイロニーも偶然の一致も，どちらか一方の概念に明確に属していると分類するのが難しいような状況を指すのに用いられます。よって，両者をきれいに区別しようとする試みなど，ただの徒労なのかもしれません。少なくともせいぜい言えるのは，この区別をとても気にする人もいるので，起きた現象について記述する前に，その並置はありふれたことなのか（つまり，ただの偶然か），より意外か，結果として生じたのか，

意義のあることなのか——つまりアイロニーなのかを自問する価値があるでしょう。

パラドックス

　偶然の一致と同じように，アイロニーはパラドックスの概念ともよく混同されます。アイロニーとパラドックスはともに並置を伴い，ときに不快な不調和や，予期したことからの逸脱を伴うことがあるため，この二つの概念もやはりある程度は重複しているといえます。しかし，パラドックスのほうにはさらに自己矛盾が必要不可欠な要素となります。

　アイロニーと同様，パラドックスも西洋思想において長い伝統をもっていますが，主として修辞学ではなく論理学の領域にありました。哲学者のマーガレット・カオンゾは，パラドックスに関する自著のなかで，この用語の主な使用法を3つ挙げています。そのうち，本書の目的に最も関連が深いのは，「正しく見える前提と妥当に見える推論から，明らかに偽であるか矛盾している結論を導く議論」という定義でしょう。

　言葉のアイロニーがパラドックスと決定的に違うのは，見かけ上の矛盾が実際には解決できるという点です。何人かでハリケーン用のシェルターのなかでうずくまっている最中に，誰かが「なんてすばらしい天気なの！」とつぶやいたとしたら，その発言は実際の状況とはまるで真逆に感じられるでしょう。ですが，前章で見てきたように，会話の参加者たちは協調の原理

が常に働いているものと暗黙のうちに仮定しています。そのため，「この一見ばかげた発言にも何か意味があるに違いない」となるわけです。この矛盾から聞き手は文脈固有の推論，すなわち含意をつくり出し，その見かけ上の不一致を解消させることができます。この発言を聞いた人は，天気に関する文化的な期待を参照して，話し手がたとえばまったく正反対のことなど，関連性のある何かを意図していると結論づけます。このように，矛盾に思われるものは，世界に関するちょっとした知識によって埋め合わせされるのです。

　偶然の一致と同じく，パラドックスとアイロニーが共有する家族的類似性は低いといえます。ここでも不調和という共通要素は見られるものの，それ以外はほぼありません。だからといって，哲学者や文学批評家がパラドックスやアイロニーに関する事態をややこしくしていないわけではありません。ロマン主義的アイロニーとの関連で第2章にも登場したフリードリヒ・シュレーゲルは，「アイロニーとはパラドックスの一種である。パラドックスとは，善にして同時に偉大なるものである」と断言しました。とはいえ，これだけでは断片的で，その思想の意味はよくわかりません。ニュー・クリティシズム運動の確立に貢献した学者のクリアンス・ブルックス（1906～1994）は，『精巧な壺』のなかで，「詩の言語はパラドックスの言語である」と書いています。ブルックスが意味しているのはつまり，詩の真の意味は表面上の形とは矛盾することがあり得るということ

ですが，この矛盾を指すのに彼は「アイロニー」という語は用いませんでした。最後の例としてノーマン・ノックスは，パラドックス的アイロニーというカテゴリーを提唱し，そこに属する「すべては相対的である。(略)著者と読者は融合したり，同一化と分離のあいだで揺れ動いたりする」としました。しかし，これはアイロニーの新たな用法というよりも，ロマン主義的アイロニーの言い換えにすぎないように思われます。

　学者以外の人が「パラドックス的アイロニー」という語を用いる際は，アイロニーや偶然の一致の概念をただ強める程度の働きしかないようです。このフレーズは一般には普及しておらず，iWebと呼ばれる検索可能なデータベースに提供された2200万のウェブページ内の140億もの単語例のなかに，たった2回しか出てきません。1例目は，歌手シェリル・クロウのアルバム『ビー・マイセルフ(自分らしくあれ)』についてのレビューに見られます。

　　このタイトルは備忘のようだが，自分らしくいることを自
　　分に思い出させなければならない点にパラドックス的アイ
　　ロニーがある。

　2例目もまたレビューで，『ジャック・デリダの懐疑的道徳観』という著書の書評に登場します。

パラドックス的アイロニーは，自分は何も知り得ないということを知っていた唯一の人間だったという理由でアテネ一の賢者になったソクラテスから始まった。

どちらの例でも，「パラドックス的」という単語はたいした役目を果たしていません。また，通常パラドックスに伴う自己矛盾の要素も示唆されていません。「パラドックス的アイロニー」というフレーズは，多くの状況的アイロニーと同様に，意味を損なうことなく「〜とは奇妙に思える」や「〜とは変だ」などと言い換えられるでしょう。

風刺

風刺が最もよく機能するのは，突拍子もないことと起こり得ることとの境界線がぎりぎりのところで守られているときだ。そして，その境界線がきわどくなればなるほど，風刺家の仕事は難しくなる。
── グレイドン・カーターの言葉，『ヴァニティ・フェア』誌（2008）より

風刺はユーモアの比較的新しくて反体制的な一形式のように感じられるかもしれませんが，実際には数千年も前から存在していました。早くも紀元前5世紀には，古代ギリシアの古喜劇やアリストパネスの戯曲に登場しています。ジャンルとして確

立されたのは，ルキリウス，ホラティウス，ペルシウス，ユウェナリスといった古代ローマの作家たちの手によってでした。権力者や愚者，堕落した者に恥をかかせることで社会批判を行うのが風刺の目的であり，このことが大昔の風刺の例ですら驚くほど現代的に感じられるゆえんでしょう。

　ある作品を風刺として味わうために，受け取り手はメッセージの文字どおりの意味と，そのメッセージと作者の意図とのあいだに食い違いがあるという認識，この二つのまったく異なる心的表象に同時に留意しなければなりません。リチャード・ロバーツとわたしは，この二重性こそが風刺の特徴であり，社会批評の手段として有効である理由だとかねてより主張してきました。受け取り手はこの見かけ上の食い違いに気づいて説明づけ，作者の意図を自ら構築していかなければなりません。よって風刺は，「語らず示せ」という訓戒のいわば究極の形なのかもしれません。

　風刺家はたくさんの武器を使いこなします。このあとに論じるパロディもそのひとつです。ほかにも突拍子もない誇張表現や見えすいた嘘，狡猾なほのめかしなども用いたりします。それから，ほぼすべての風刺家が言葉のアイロニーとサーカズムを多用します。なぜなら，これらの手段はユーモラスであると同時に批判的であるという，風刺の二つの目的に非常によく適しているからです。

　第3章で見たように，「見せかけ」はアイロニーを構成する

権力者や愚者,
堕落した者に恥をかかせることで
社会批判を行うのが風刺の目的であり,
このことが大昔の風刺の例ですら
驚くほど現代的に感じられる
ゆえんでしょう。

重要要素ですが，それは風刺にとっても欠かせないものです。風刺の受け取り手は，つくり手側の見せかけに気づかなければなりません。でなければ，風刺は失敗です。ジョナサン・スウィフトが，「貧民は自分の子どもを食糧として金持ちに売るべきだ」という「控えめな提案」をしたときには，あまりに極端すぎて誰も本気の提案だとは思いもしなかったでしょう。しかし，風刺はもっと巧妙なときもあります。その場合の「見せかけ」は不明瞭になり，なかにはまったく気づけない人も出てくるかもしれません。

　その最たる例は，2005年から2014年まで放映されていたアメリカのテレビ番組「ザ・コルベア・レポー」に見られます。番組内でスティーヴン・コルベアは長々としゃべる保守派の評論家という役を演じ，本人としてふるまうことはめったにありませんでした。進歩的な視聴者は彼の突飛な主張や提案を，極右の評論家たちの過激な言動に対する洒落た非難として受け止めて楽しんでいました。しかし，保守派のなかにもこの番組を気に入り，コルベアの言葉を本心だと信じ込んだ人たちもいたのです。そうした視聴者には，コルベアが「ふり」をしているという認識はありませんでした。ヘザー・ラマールらが行った研究では，番組を風刺と受け取るかは，視聴者の政治的イデオロギーによって予測されるという結果が示されました。リベラル派も保守派もコルベアをおもしろいと思っていた点では変わりありませんが，政治的にリベラルな視聴者だけがジョークの

意味を理解していたことになります。

　言葉のアイロニーと風刺の両方にとって不可欠なもうひとつの要素に，共通基盤の存在があります。第３章で見てきたように，共通基盤とは当事者双方に共有する知識があることが前提になります。ある作品を風刺と理解するために，受け取り手はこの共通の知識を使うことで「何かがちょっとおかしい」と認識するのです。共通基盤には一過性なところがあり，ある程度の時間が経過してしまうと，もう風刺作品として認識されなくなったりもします。

　このような現象に当てはまりそうな例として，長年にわたり学術論争の的となっている『ヒストリア・アウグスタ（ローマ皇帝群像）』が挙げられます。このラテン語の書は，３世紀に６人の著者によって書かれたものとされており，117年から285年のあいだに統治したローマ皇帝，副帝，帝位僭称者らの30の伝記からなります。さらに，手紙や演説，それから法令や声明などの元老院の文書からの150近い抜粋も含まれています。どうやらこれは歴史的にかなり価値の高い資料のようで，エドワード・ギボンなどの学者も歴史書を執筆するときに同書を参照しました。しかし年月が経つにつれ，この書には不正確な点や明らかな虚偽がやたらと含まれていることが，研究者のあいだでわかってきました。年代記としては何かが深刻におかしいのです。この事実から，執筆者は誰なのか，書かれたのはいつなのか，そして何より，そもそもなぜ編纂されたのかについて，

多くの議論が巻き起こりました。

　今日の学者たちは，『ヒストリア・アウグスタ』をある一人の著者によって書かれた作品と考えています。書かれたはずの時期と合っていない数多くの記述を考慮すると，おそらく実際に書かれたのは推定されている創作時期から数十年はあとのことでしょう。手紙や演説，元老院文書の抜粋も，すべてではないにしても，ほとんどがねつ造されたものと考えられています。また，この時代の歴史として，この書は奇妙と言わざるを得ません。ジャスティン・ストーヴァーとマイク・ケステモンは，この書は「妙に詳しかったり，不可解に省略されていたりするうえ，皇帝たちの政治的業績を損ねるような微罪や個人的癖に不気味に焦点が当てられたりしている」と指摘しています。つまり，『ヒストリア・アウグスタ』はどうやら主張されているような事実に基づく記述ではないようです。

　著者の意図に関しては，政治的プロパガンダから異教徒によるキリスト教攻撃まで，ありとあらゆる見解があります。ロナルド・セイムなど数人の古典学者らは，使用されている語呂合わせや言葉遊びを取り上げ，この作品を単に「いたずら好きな文法家」の思索にすぎないと指摘しました。一方，ショーン・ダニエルズは『ヒストリア・アウグスタ』は風刺作品であるとして，説得力のある主張を展開しています。先ほど，風刺は古代ローマにおいて人気の文学形式だったと述べました。『ヒストリア・アウグスタ』は，その誇張やギャップ，あからさまな

ねつ造を巧みな社会批判としてすぐさま察知できる同時代の読者層に向けて書かれたものだったのかもしれません。こうした読者は著者との共通基盤があるため，時間の経過によって現在は不明瞭になってしまった意図を正しく理解できたのです。未来の考古学者が風刺新聞の『ジ・オニオン』紙の束を偶然見つけ，「バラク・オバマ，ベトナム戦争中にティーボールをプレーして炎上」のような見出しに頭をかきむしる様は想像するに難くないでしょう。

　最後に，共通基盤をもつことは，風刺の目的を理解するうえでも不可欠です。風刺的な批評は，あるコミュニティのメンバーにはユーモラスに感じられても，別のコミュニティにとっては無礼だったり，冒とくにすら感じられたりするかもしれません。2015年に起きたアルカイダが関与したフランスの風刺新聞『シャルリー・エブド』紙の本社襲撃事件は，風刺が冒とく行為と受け取られた場合に起こり得る悲劇の例といえます。

　「見せかけ」を認識し，共通基盤をもつことは，言葉のアイロニーと風刺のどちらを理解するうえでも欠かせません。その結果，この二つの用語はしばしば同義語のように用いられます。しかし，アイロニーのすべてが風刺であるわけでも，風刺のすべてがアイロニーであるわけでもありません。さらに厄介なことに，風刺は次のトピックであるパロディともよく混同されます。

パロディ

風刺は教訓，パロディは遊び。
── ウラジミール・ナボコフのインタビューより（1966）

パロディとは，失敗したオマージュである。
── ブレンダン・ギル（1914〜1997）

　これまで見てきたように，「見せかけ」はさまざまな形のアイロニーに不可欠な要素ですが，このことはパロディにも当てはまります。本質的にパロディは何かを意図的に模倣することですが，その目的はさまざまです。ある場合には，オリジナルの作品やその作者をそっとからかうのがねらいかもしれません。ですが，逆に全面的な非難を伴うこともあります。攻撃的なタイプのパロディでは，誇張や風刺やサーカズムをふんだんに用いて元の作品，ひいてはその作者が嘲笑されます。これらの修辞的形式やジャンルの重複が混乱を招き，互いに間違われる原因になっています。

　文学ジャンルとしてのパロディは，風刺と同じく古代ギリシアの古喜劇にまでさかのぼります。祖となったのは，おそらく紀元前5世紀に生きたタソスのヘゲモンでした。この形式は数世紀にわたり，西洋文学で人気となりました。例を挙げれば，騎士道物語のパロディ（チョーサーの『カンタベリー物語』のなかの「サー・トーパス物語」），擬似英雄詩（ポープの『髪盗

人』)，ゴシック小説のパロディ（オースティンの『ノーサンガー・アビー』）など多岐にわたります。パロディは視覚芸術や音楽にもよく用いられます。さらにラジオ番組，映画，テレビのショーには，そもそもがパロディの性質をもつものが多くあります。「ザ・デイリー・ショー」などのコメディ番組や「サタデー・ナイト・ライブ」のワンコーナー「ウィークエンド・アップデイト」では，ニュースキャスターや特派員の「現場」リポート，模倣インタビューなど，ニュース報道を彩るさまざまな特徴や慣習が大々的に利用されています。「ジ・オフィス」や「モダン・ファミリー」などのホームコメディは，ドキュメンタリーのパロディという意味の「モキュメンタリー」に分類されます。

　風刺と同様にパロディの受け取り手も，一度に二つの異なる心的表象を保持しなければなりません。ただし，パロディの場合の二つとは，作品の文字どおりの意味と，模倣されているものに対する認識になります。パロディがパロディとして成立するのは，「オリジナルの作品が風刺されている」と受け取り手に気づいてもらえたときだけです。多くのテレビアニメではパロディが用いられているものの，まだオリジナルを見たことがないせいで子どもたちには模倣が理解されないケースがよくあります。彼らがのちに親となって自分の子どもと一緒に同じアニメを見て，まったく新たな意味，幼少期に初めて見たときにはちんぷんかんぷんでしかなかった，なんとも巧妙な模倣を発

パロディが
パロディとして成立するのは,
「オリジナルの作品が風刺されている」と
受け取り手に気づいてもらえた
ときだけです。

見したりします。

　このようにアイロニーやパロディを仕事に使う人たちはどちらも，相手に文字どおりに受け取られかねないという職業上の危険を抱えています。しかし，公人を批判するタイプのパロディストたちにとっては有利な判例というのがあります。1988年の最高裁判決（ハスラー・マガジン対ファルウェル裁判）において，テレビ伝道師のジェリー・ファルウェルは，『ハスラー』誌の酒類の広告のパロディのなかで，近親相姦をした飲んだくれとして描かれたことに対して出版社を告訴しました。最高裁は下級裁判所での評決を満場一致でくつがえし，『ハスラー』誌を支持する判決を下しました。判決文のなかで最高裁は，合理的な人間で同誌のファルウェルの描写を事実と解釈するような人はいなかっただろうと述べました。このように，公人に対する風刺やパロディには，精神的苦痛を理由に損害賠償を請求することはできないのです。

　一方，非常に有名なアート作品を模倣するタイプのパロディストは，自身の創作物をこのような形で利用されることに憤慨しかねない，気難しくすぐに訴訟を起こしたがる作者やミュージシャンを相手に戦わなければなりません。防衛策として，パロディストは芸術表現と公正利用（フェアユース）の法理に訴えることができます。それに対し，オリジナルの創作者側は，当該のパロディが著作権または商標を侵害していると主張することができます。このような事例として，1994年に最高裁で

争われた「キャンベル対エイカフ・ローズ・ミュージック裁判」
があります。争点となったのは，1964年にロイ・オービソン
とウィリアム・ディーズがリリースした「オー・プリティ・ウ
ーマン」に「酷似している」とされた，ツー・ライヴ・クルー
の1989年の楽曲「プリティ・ウーマン」でした。本件で，最
高裁はパロディが公正利用の範囲内であると判断しました。こ
のようにちゃんと保護されてはいるのですが，ウィアード・ア
ル・ヤンコビックのように，作品をパロディにする前にオリジ
ナルのアーティストに必ず許可を取るパロディストも少なくあ
りません。

　カリカチュアもたしかに風刺やパロディとして機能します
が，別物と考えたほうがよいでしょう。カリカチュアの本質は
誇張であり，ユーモアの効果をねらうのが一般的です。たとえ
ば政治漫画家は，リチャード・ニクソンの鼻，ジミー・カータ
ーの歯，バラク・オバマの耳，ドナルド・トランプの髪形など，
被害者となる人の特徴を過度に強調します。ただし，たとえ
ば2008年の大統領選時にオバマ陣営のキャンペーンで使用さ
れたシェパード・フェアリーの《ホープ》のポスターのように，
非常に有名な作品を土台につくられたカリカチュアの場合，そ
の誇張されたオバマの絵などは，カリカチュアともパロディと
も呼べるでしょう。

　第8章でも触れるように，インターネットのコミュニティで
は共通の文脈が不足するため，ユーザーが文字どおりではない

言葉を察知しにくくなります。ネット上の風刺作品，なかでもアイロニーを多用した作品は，それがそのまま本当の信念や態度だと誤解されかねません。このことは，ウェブが登場するより前の1980年代からすでに，インターネット掲示板に投稿していたユーザーのあいだで問題になっていました。1983年にジェリー・シュワルツが次のような指摘をしています。「横向きの笑顔 " :-) " は，（中略）"単なる冗談だよ"という意思表示としてネット上で広く受け入れられるようになってきている。この記号なしで風刺的な事柄を書き込んだら，自分にとってはいくらその風刺がわかりきったものだろうが，人から本気と受け止められても驚いてはならない」

　パロディもまた，先行する作品が模倣されていることを受け取り手に認識させる必要があるため，ネット上での表現は難しい場合があります。この現象にはネットユーザーのネイサン・ポーにちなんだ名がつけられました。彼は2005年にこう嘆いています。「ウィンクのマークとか，ユーモアだとはっきりわかる表現を入れない限り，誰かに本気だととられないように創造論者（宇宙や生命は神が創造したと信じる人たち）をパロディ化するのはまったく不可能だ」。現在，彼の見解はポーの法則と呼ばれ，ネット上で議論されているあらゆる争点をより広く指す言葉になっています。

　しかしながら，風刺もパロディも，アイロニーなしで目的を達成できます。特にパロディは，オリジナルによく似ていると

きほど効果が高まるでしょう。また，あざけりをまったく目的
としていない場合もあります。あるミュージシャンが別のミュ
ージシャンの楽曲をカバーするときなどは，単純にそのミュー
ジシャンへの敬意の証だったりします。オマージュ，パロデ
ィ，あからさまな盗用の境界線はどうしてもぼんやりしてしま
います。

第6章

人は何のためにアイロニーを使うのか？

攻撃性

サーカズムの矢じりには軽蔑がついている。
── ワシントン・グラデン，『新しきことと古きこと』(1883)

　一般に知られている概念からすると，言葉のアイロニーの評価はよくないようです。攻撃や批判，ネガティブさを表す手段と見られることが多く，特に職場や親密な関係においては厄介なものとされています。サーカズムは従業員間のチームワークを弱めるといわれており，『サイコロジー・トゥデイ』誌のある記事には，サーカズムは「ユーモアを装った敵意」だとか，「巧妙ないじめ」などと書かれています。別の雑誌記事でも，「サーカズムは人間関係を壊す」うえ，「長期的に損なう」原因になり得ると声高に主張されています。

　このような固定観念については，実証研究によってある程度

の根拠が示されています。会話で言葉のアイロニーを用いる重要な目的のひとつに，ネガティブな感情を示すことがあります。怒りや不満をそのまま表に出すのは通常好ましいことではなく，アイロニーは，そのような感情を社会的に受け入れられる形で表現する手段として機能します。アイロニー的発言では否定的な事象や結果に対して肯定的な評価をする場合が多いため，たとえ隠れた軽蔑や批判，敵意に満ちていたとしても，表向きは支持しているように見せることができるのです。

　アイロニーの攻撃的な使い方の好例として，映画「アマデウス」（1984）が挙げられるでしょう。常軌を逸するほど嫉妬した宮廷作曲家アントニオ・サリエリの視点から描かれた，フィクション色の強いモーツァルトの物語です。皇帝ヨーゼフ2世のウィーン宮廷でのワンシーンで，皇帝はモーツァルトにオペラの作曲を依頼したいと告げます。喜んだモーツァルトは，トルコのハーレムを舞台にした物語を提案します。この提案に皇帝と廷臣たちは懸念を示しますが，モーツァルトは非常に道徳的で「きちんとしたドイツ的美徳に満ちている」テーマだと断言します。するとサリエリが，皇帝に向き直ってこう尋ねます。「恐れ入りますが，陛下。ドイツ的美徳とは何だとお考えですか。外国人なので，ぜひお教えいただきたいのですが」。サリエリのこの質問には明らかに裏があります。たしかに彼はイタリア出身ですが，実はもう長年ウィーンで暮らしており，そこの文化にも慣習にも精通していました。無知を装うことで，サ

リエリはモーツァルトを罠にかけようとしたのです。皇帝はドイツ的美徳をひとつ,モーツァルトに挙げさせることにします。するとモーツァルトは臆せず,「愛です」と返答します。これに対し,サリエリは「愛か! なるほど! われわれイタリア人は愛について何も知りませんからな!」と言うのです。この発言は,皇帝の側近たちの共感の笑いを誘ったのでした。サリエリはソクラテス的アイロニーとサーカズムの両方を巧みに用いてモーツァルトを攻撃したわけですが,そのやり方はユーモラスであり,また社会的にも妥当なものでした。もちろん,すべての攻撃的サーカズムがこれほど巧みに狡猾にいくわけではありません。

　アイロニー的批判がどう受け止められるかについては,心理学者たちのあいだで議論が続いています。シェリー・デュースとエレン・ウィナーいわく,言葉のアイロニーではアイロニー的称賛の意味が弱まり,文字どおりの称賛よりもポジティブさが薄れて聞こえるといいます(困難な任務をやってのけた人に,「ひどい仕事っぷりね!」と言うのと,「見事な仕事っぷりね!」と言うときを比較してみてください)。同様に,アイロニー的批判も意味が弱まり,文字どおりの侮辱よりもネガティブさが少なく感じられる(誰かが軽率な行動をしたときに「あなたって本当にすばらしい!」と言った場合と,「あなたって本当にばかね!」と言った場合),と二人は主張しました。

　デュースとウィナーはこの「色合いの仮説」を支持する結果

を報告していますが、この仮説を検証するために行われたのちの実験からは、はっきりとした結果は得られていません。アルバート・カッツらによる研究では、アイロニー的批判のほうが通常よりユーモラスで礼儀正しく感じられ、それでいてサーカズムやあざけりにも受け取られることが主張されています。つまり、アイロニー的批判は、発言のネガティブさを弱めたり強めたりすることができるのです。

　反対意見に不寛容な独裁政権では、文字どおりではない形の批判が特に問題視されます。あけっぴろげに批判する反対者を突き止めて黙らせるのは、しょせんそこまで難しいことではありません。しかし、反対意見が何らかの形で隠されていたり偽装されたりしていると、その根絶ははるかに困難になります。風刺の場合、よほど大げさな表現でない限り風刺とはっきりとわからないため、先に見たような興味深い事例が起こります。それにもかかわらず、風刺家を迫害しようとする試みは繰り返されてきたようです。1599年には、カンタベリー大主教とロンドン主教によって風刺詩が禁じられました（主教の禁止令）。『カンディード』（1759）は、おそらく作者ヴォルテールの宗教や政治に対するあまりにも不敬な態度を看過できなかったためか、パリやジュネーブで禁止されました。そして2018年9月には、サウジアラビア王国で「公共秩序」や宗教的価値観を嘲笑する、からかう、または妨げるコンテンツを制作することが犯罪となり、風刺的なコンテンツの配信さえサイバー犯罪だ

反対意見に不寛容な
独裁政権では，
文字どおりではない形の批判が
特に問題視されます。

と断じられました。

　ですが，アイロニー的批判を，抑圧的な政治体制はどう防ぐことができるでしょうか。もし批判というものが表向きの称賛の影に身を隠せるものだとすれば、称賛というもの自体，信用できるのでしょうか。こういうとパラノイアに陥っているかのように思えるかもしれませんが，それでも重大な懸念事項であることに変わりはありません —— 少なくとも，ある世界的指導者にとっては。2016年8月，北朝鮮政府はいくつもの大集会を開催し，政府へ向けたサーカズムを今後容認しない旨を国民に告げました。特に当局は，この"隠者の国"でごく一般的になっていた「すべてはアメリカの責任だ」といった表現に懸念を示しました。このような発言は，表面的には政府の主張をそのまま真似ているだけに思えます。しかし，朝鮮メディアが自国の失敗を他国のせいにする際に幾度もこのフレーズを用いていたことから，この言い回しはたちまち政府とその指導者である金正恩への批判として広まったのでした。

　北朝鮮でのサーカズムの禁止は,『デイリー・テレグラフ』紙,『インディペンデント』紙,『デイリー・メール』紙などの多数の報道新聞のほか,『ヴァニティ・フェア』誌や『エスクァイア』誌などの雑誌でも報じられました。しかし，少なくとも一人のジャーナリストがこのニュースの信憑性に疑いの目を向けました。これを最初に報じたのは，アメリカ政府から資金提供を受けており，過去には反北朝鮮的な報道をして批判されたことも

ある「ラジオ・フリー・アジア」だったとされています。もし
サーカズム禁止に関するニュースがねつ造だったと判明した
ら，それこそアイロニーというものでしょう。

　受動的攻撃行動をとる人には，言葉のアイロニーを批判の一
種として用いる傾向が見られます。この行動には，他者の要求
に否定的な反応をしたり，直接立ち向かうことを避けたりする
特徴があります。この症候群を精神医学の専門家はもはや完全
なパーソナリティ障害とは認めていませんが，いまだ世間一般
ではいつも不機嫌な人，横柄な態度の人，非協力的な人に対す
るレッテルとしてこの受動的攻撃行動という語が用いられてい
ます。サーカズムは否定的な考えや感情を間接的に表現できる
ため，こうした人々がサーカズムで意思表示しようとするのも
不思議ではありません。

言い逃れ

　言葉のアイロニーは言ったことと意味したこととのあいだに
食い違いがあるため，自身の発言から距離をとるという強力な
逃げ技を使うことができます。万が一，相手が「おもしろくな
い」とか「侮辱的だ」と感じるような発言をしてしまった場合，
話し手はあたかも意図したつもりの言外の意味を聞き手側が理
解できなかったふりをすることができます。「単なるサーカズ
ムさ」「冗談を言っただけだよ」といった返しは，さもなければ
軽率な話し手が受けかねない非難を逃れるための言葉の抜け穴

として機能します。そして，「冗談だってわからない？」のような修辞的疑問は，自身の悪行の責任を聞き手に投げ返すという言葉の柔術となるのです。

　文字どおりではない言い方は，どんな発言もごまかせるほど曖昧になり得ます。たとえば，サーカズム的に発せられた否定的意見では，人に「天才だね」などと言うように，肯定的な言葉を用いて否定的な意味がほのめかされます。こうすることで，職場内の反感を買ってしまうかもしれないような，明らかに敵意のある発言はマイクロアグレッション（日常で無自覚に行われるちょっとした差別や侮辱）の状態にまで引き下げられ，悪意の証拠とみなすのが格段に難しくなるでしょう。こうしたもっともらしい否認が，これらの発言を非常に厄介に，そして便利なものにしているのです。

　案の定というべきか，有名人がソーシャルメディアで自身の問題行動を謝罪するのがもはや定番となりました。また，公の立場の人がまずい受け取られ方の発言をしてしまったときに，ツイッターなどで釈明するのもひとつの手となっています。女優のロザンヌ・バーが人種差別的なツイートをしたのちに，「睡眠導入剤を飲んで，あんなツイートをしてしまった」と主張した2018年5月の一件などがよい例でしょう。伝統的に，政治家は，不正で有罪になるかもしれないという疑惑が発覚しただけでも，見えすいた言い訳に走るものです。ただし，1973年の記者会見中にリチャード・ニクソンが公職で利益を得たこと

を頑なに否定した「わたしはペテン師ではない」発言や，1998年1月のビル・クリントンによる「わたしがあの女性，ミス・ルインスキーと性的関係をもった事実はありません」発言など，例外もあるにはあります。とはいえ，弁明としてサーカズムが公の場で用いられるようになったのは比較的最近のことです。

　2016年7月，大統領候補だったドナルド・トランプは，対立候補だったヒラリー・クリントンの公務メール紛失疑惑について，消えた電子メールをロシアが見つけてくれたらいいのにと，外国勢力にハッキングを促すような発言をしました。のちに彼は，FOXニュースで「もちろん，あれはサーカズムだった」と述べました。さらなる悪名をとどろかせたのは，その1カ月後，バラク・オバマとヒラリー・クリントンをISIS（イスラム過激派組織）の創設者だと繰り返し呼んだときでしょう。この発言をトランプはまずフロリダ州の集会で，それから保守派ラジオパーソナリティのヒュー・ヒューイットとのインタビューで数回にわたり言及しました。のちの8月12日，彼はツイッターへの投稿で，同発言をCNNが「あまりに大真面目に」とらえすぎだと不満を漏らしつつも，発言を撤回しました。そのツイートは，「あいつら［メディア］はサーカズムがわからないのか？」との文言で締めくくられています。しかし，のちのペンシルベニア州の集会でトランプはふたたびこの話題をもち出し，「いまわたしがサーカズムを言っているのは明らか

だ。だが正直に言うと，それほどサーカズムなわけでもない」
と述べました（自身の弁明発言を弱めたことで，当初の主張が
本気だったのかがますます不明瞭になっています。サリナ・ジ
トーはこの難問へのひとつの解答として，報道機関はトランプ
の言葉を文字どおりに受け取ってはいるが真面目に相手にして
おらず，一方，彼の支持者は真面目に相手にはしているが文字
どおりには受け取っていないのではないかとの考えを示しまし
た）。

　サーカズムが言い逃れに用いられて話題となったもうひとつ
の事例として，2018年9月の出来事があります。『ニューヨー
ク・タイムズ』紙は，ロッド・ローゼンスタイン司法副長官が
トランプ大統領の話を秘密裏に録音することを示唆したと報じ
ました。このローゼンスタインの発言は，2017年春に司法省
職員たちと開いた会議中になされたとされています。翌年にこ
の事件が明るみに出ると，彼は報道が「事実に照らして誤って
いる」ことを主張しました。会議に参加していた司法省報道官
は，ローゼンスタインがそのような提案をしたのはたしかだが，
当時の彼はサーカズムとして話していたと主張したのでした。

　サーカズムを口実にして発言を撤回する問題点として，回数
を重ねるごとにそうした言い訳が説得力を失っていくことが挙
げられます。オオカミ少年の寓話のように，やがて人々はこの
ような主張を信じるのをやめ，たとえその話し手が「本当にサ
ーカズムなのだ」と言っても，信じようとは思わなくなってし

まいます。どうやらトランプも，この危険性には気づいている
ようです。本書の執筆時点で，彼は大統領就任以降8100回以
上のツイートをしていますが，それらのメッセージにsarcasm
（サーカズム）やsarcastic（サーカズム的）という単語は一度
も使われていません。

ユーモア

ほらね，それがサーカズムの悲しく，みじめでおそろしいとこ
ろさ。ほんと笑えるよ。
―― ブランドン・サンダースン，『アルカトラズ対悪魔のライブラリアン』
（2007）

機知に富む人の望みは滑稽であることだが，アイロニーを言う
人が滑稽なのは副産物としてでしかない。
―― ロバートソン・デイヴィス，『狡猾な男』（1994）

　アイロニーとサーカズムのどこかつるつるとつかみにくい特
徴を扱う感じに比べると，ユーモアを特徴づけることは氷の壁
をよじ登るようなものです。しっかりとつかむための摩擦力や
足がかりがほとんどありません。普遍的に見える面もあれば，
文化に固有の面もあります。自然界でユーモアを観察するのは
難しく，かといって研究室にもち込むとしおれてしまいがちで
す。また主観的なことでも悪名高く，ある人にはすごく笑える

自然界でユーモアを
観察するのは難しく，
かといって研究室にもち込むと
しおれてしまいがちです。

ものが別の人には何でもなく思えたりします。よってユーモアを定義して説明づけるのは，非常に困難なことに感じるかもしれません。しかしこれまで見てきたように，言葉のアイロニーやサーカズムを使う理由を聞かれると，多くの人がユーモアに言及します。ユーモアはまた，状況的アイロニーやアイロニー的態度に欠かせない要素でもあるようです。

　友人や恋人との会話では，言葉のアイロニーを使って相手をおもしろがらせたり，楽しませたりすることがよくあります。心理学者のレイ・ギブスは，友人同士やルームメート同士の大学生に会話を録音してきてもらい，アイロニーの例を分析しました。結果，そのようなアイロニー的発話が会話のやりとりの実に8%を占めていることがわかりました。ただし，同研究ではアイロニーを広く定義づけており，サーカズム，誇張表現，控えめな表現，修辞的疑問，おどけたコメント全般など，いくつもの文字どおりではない言語形式が含まれていた点には注意が必要です。なかには批判的なサーカズム発言も見られましたが，大半はふざけ合い，からかい，軽いあざけりであるといえ，そのほとんどは会話の相手から遊び心があり，ユーモラスだと受け取られていました。この研究はまた，これらの自然発話データを分析する難しさを浮き彫りにもしています。ギブスは話者たちがどんなことを知っていて，互いにどんなことを信じているかを判断する手段がなかったため，このような発話を分析しても，予測の失敗や「見せかけ」などの前提条件を確認する

ことはできませんでした。

　逆にいえば，人々の関係性がよくわかれば，ユーモアや言葉
のアイロニーを特徴づけることが可能かもしれません。何シー
ズンも放送されているテレビシリーズの場合，視聴者は登場人
物についても，またその関係性についてもかなり詳しく知るこ
とができます。こうした理由から，言語学者のマルタ・ダイ
ネルは，アメリカのドラマシリーズ「ドクター・ハウス」の登
場人物たちが使う言葉を研究することにしました。同番組は
2004年から2012年まで放映され，全部で177話からなりま
す。ヒュー・ローリー演じる主人公の診断医が彼のチームや同
僚，患者ときわめて辛辣なやりとりを繰り広げるため，この番
組から豊富な研究資料が得られるだろうとダイネルは考えたの
です。彼女は各話を少なくとも4回は視聴し，ユーモア，アイ
ロニー，だましの用例を抜き出して記録しました（この取り組
みには，ドラマ台本のオンライン・アーカイブを作成していた
番組ファンからの助力もあったそうです）。主人公が人間嫌い
なこともあり，せりふのなかからはユーモラスな，しかし敵意
あるアイロニーの実例も数多く見いだされました。ここからダ
イネルは，アイロニーを単にユーモアという語だけで概念化す
るのは誤りだろうと主張しています。

　アイロニーとユーモアの関係を理解するのに，笑いのような，
ユーモアと関連し，はっきりと見て取れる行動を手がかりとし
て着目するのもひとつの手かもしれません。笑いとは，聞き手

が話し手の言外の意図をちゃんと理解し，共感していると示すためのものだとも考えられます。こうして，聞き手はファウラーが言うところの話し手の内集団に入ることができるのです。状況によっては事実そうかもしれませんが，ある研究によると，実は人々が会話するとき，笑いの多くは聞き手ではなく話し手から発せられていることがわかっています。この現象を説明づけるために，レイ・ギブスらは笑いが認識や理解の証としてではなく，話し手側がつくり出すサインであり，その話し手自身の発言に対する態度を読み解く手がかりとして機能しているのではないかとの考えを示しました。そしてアイロニーが実際にユーモラスに発せられ，それが認識されると，今度は聞き手が同じような文字どおりではない見解を示したりします。このように，最初の話し手が提供した文字どおりではない前提をもとに，話し手と聞き手は交互にコメディの型を即興でつくり出していくのです。この場合，ユーモラスなアイロニー的発言は個々の貢献ではなく，会話の複数のやりとりにまたがる一連のまとまったエピソードとしてとらえるほうが理にかなっているかもしれません。このことは，ダズンズのゲーム（二人が，たとえば相手の母親に関するののしり言葉を交互に言い合っていく）をプレーするといった違う形の言葉によるウィットについて言われてきたことですが，人々がふざけてアイロニーの応酬を交わし合うときにも同様の力が生まれるのかもしれません。

　また研究者のあいだでは，状況的アイロニーにおけるユーモ

アの役割についても検討が続けられています。キャメロン・シェリーは，状況的アイロニーを，わたしたちの概念が世の中とかみ合わないときに起こるものと特徴づけています。強盗に入られた警察署などがその一例です。犯罪からは絶対に守られているはずの場所が，そうではなかったとわかるのですから。こうした状況をユーモラスに感じるかどうかには，やはりある程度の主観が含まれてくるでしょう。この場合では，自分が警官か泥棒かが大きく関係してくるかもしれません。第4代オーフォード伯爵ホレス・ウォルポールは，世界とは考える人にとっては喜劇であり，感じる人にとっては悲劇であると述べました。このような区別のつけ方は，こうした不調和な状況に対する人々のさまざまな反応を理解するうえで大いに役立つのではないでしょうか。アイロニー的態度が屈折した無関心を特徴とすることは，すでに述べました。そのような世界観をもちやすい人，またはそのような人格をまとおうとする人は，おそらく状況的アイロニーに特に楽しんで反応しやすいでしょう。

親密さ

　一見すると，言葉のアイロニー，なかでもサーカズムは親密さという概念とは対極にあるように思えるかもしれません。「サーカズム」と「親密」という語を用いてネット検索をすると，「サーカズム：親密さをはばむレンガの壁」，「サーカズムが恋愛関係をここまで壊す8つの理由」，「サーカズム的コミ

ュニケーションで結婚生活をだいなしにしない方法」といった
結果が出てきます。しかも，これらは検索結果の最初のページ
から挙げたまでにすぎません。

　すでに見たように，言葉のアイロニーは攻撃の道具として用
いることもできますが，一方で集団のアイデンティティ，さら
には親密さを高めるためにも用いられます。前節では，恋人や
友人や同僚のあいだでよく言葉のアイロニーがユーモラスに用
いられることを見ました。こうしたふざけ合いは，社会的関係
を維持したり強化したりするうえで重要な役割を果たします。
「肯定的に受け止められたい」という人の欲求は強力なもので，
わたしたちにはこの種の肯定をしてくれる他者を探し求める傾
向があります。社会科学者は，こうした他者と提供し合える
自己肯定感や好感の促進を指すのに「フェイスワーク（体面保
持）」という語を用いています。猛暑やエレベーターの故障と
いった共通の不満について語り合うようなちょっとした井戸端
会議にもこの働きはあり，こうした会話のやりとりは集団の団
結を維持する強力な役割を果たし得るのです。

　このプロセスの好例として，スタッフミーティング中にマネ
ジャー陣が用いるユーモアを調査したある研究が挙げられま
す。そのマネジャーたちは電子部品を検査してコンピュータ会
社へ卸す会社で働いており，在庫管理に非常に重大な問題を抱
えていました。ある打ち合わせ中，ゼネラルマネジャーは上層
部との会議で挙がった在庫管理に関するたくさんの懸案事項に

ついて説明したあと，最後にこう締めくくりました。「よし，これ以外は全部うまくすんだな！」。このアイロニー的発言はマネジメントチームのほかのメンバーの笑いを誘ったうえ，「在庫問題のせいで追い込まれている」，「事態は深刻だが，なんとかなりそうだ」，「みんなで乗り切るんだ」といった重要なメッセージを一度に伝えたのでした。これらの懸念を伝えつつも同時に集団の結束を促すようなコメントを文字どおりの言葉で表現することは，不可能ではないにしても難しかったのではないでしょうか。

　親密さは，排他的感覚をつくり出すことでも育まれます。言葉のアイロニーを用いて社会的境界をつくり出すという考え方は，見せかけについて扱った節で触れたファウラーの用法辞典に登場します。彼の主張では，アイロニーの動機は排他であり，それは「神秘化」(つまり，曖昧だったり文字どおりではなかったりする言葉を使うこと)によって達成されるものでした。ファウラーにとって，このような発言の聴衆は「内集団」を構成します。いわば，表向きは不可解に思えるこれらの発言を理解できる人々というわけです。この「見せかけ」を見抜ける能力は，聴衆と話し手の共通基盤から生まれます。言い換えれば，アイロニーを言う人は明らかに真実ではない発言をすることで，聞き手に会員制クラブのメンバーであること，つまり，「あなたは話し手の真の意図を理解できる数少ない選ばれた人だ」ということを伝えようとしているのです。

　この排他性には利点がある反面，代償も伴います。定義上，どんな内集団も必ず外集団がいなければ成り立ちません。先に述べたように，この外集団は話し手と聴衆が心に思い浮かべる単なる想像にすぎない場合もあります。彼らは発言の真の意味を理解できない人について考えて，心のなかで楽しむのです。また，物理的にはその場にいないけれど実在する集団が外集団となる場合もあります。たとえば，兵士たちへの出撃前の作戦会議中に，戦いの厳しい現実を知らない民間人の感覚がアイロニーによって冷笑されるといった例が考えられるでしょう。こうした場合，同じ専門職に属していない他者と自分たちを分け隔てる深い溝の存在が想起されることによって，集団の結束が高められます。

　最後にもうひとつ，外集団は物理的にその場にいながら，突如として見えない壁に直面する人々の場合もあります。これは，社員同士で人材や資金を取り合ったり，上司に気に入られるために争ったりするような職場などでは特に問題になるでしょう。こうした状況では，文字どおりではない言葉によってつくり出された壁が，内集団に属さない人々を疎外する役割を果たしてしまいます。

　すでに述べたように，親密な間柄では，言葉のアイロニーはしばしばまったくの無表情で伝達されます。共通基盤を多くもつ人々であれば，言外の意図を示唆するためにわざわざ顔で表現したり，声を工夫したりする必要はありません。そうした芝

居がかったふるまいは,「聞き手に選ばれたクラブの一員ではない」と暗に言っているようなもので,逆に否定的に受け取られかねません。

外集団から内集団への移行は非常に難しいといえます。たとえば,アイロニーを通じて親密な関係に招き入れようとしても,誤解されてしまう可能性があります。なぜなら,言葉による攻撃と,害のないふざけ合いやからかいとを区別する境界が,そもそも主観的なものだからです。誰かの外見や生真面目な性格について意見した場合,優しい気の利いた言葉と解釈する人もいれば,軽蔑やいじめ,ハラスメントと感じる人もいるでしょう。このような理由から,文字どおりではない方法によって親密な関係を始めるのは難しいと思われます。しかし,ひとたび共通基盤が築かれ,人と人とのつながりができれば,言葉のアイロニーは社会的絆を促進し,強固にする心強い手段となるのです。

第7章

---- -

アイロニーのサイン

サーカズムはいつも容易に察知できるとは限らない。いましが
た聞いた同僚の言葉がサーカズムのつもりだったのかどうか
と，これまでに何度その場に立ち尽くして自問したことだろ
うか。
—— デイヴィッド・シプリー，ウィル・シュワルベ，『Send：人々が電
子メールをうまく扱えない理由とその改善方法』（2008）

口調

　言葉のアイロニーは，使う際にある特定の口調を伴うとされ
てきた点で，文字どおりではない言語形式のなかでも特異な存
在です。ディアドリ・ウィルソンとダン・スペルベルが指摘し
ているように，メタファー的口調などというものはないし，直
喩やイディオムを使うときも話し方を変えたりはしません。と

はいえ，アイロニー的口調というものは本当にあるのでしょう
か。もしあるとすれば，どんな特徴があって，なぜ人々はその
ような話し方をするのでしょうか。

　そういった口調が存在するにしても，それはサーカズム的口
調とみるべきではないかとの意見が研究者から挙がっていま
す。なぜなら，こうした声の変化は攻撃的な，もしくはけんか
腰の言葉と結びつくことのほうが一般的だからです。したがっ
て，ここでの考察では，この現象を「サーカズム的口調」と呼
ぶことにします。

　まず，「口調」が専門用語ではないことを理解しておきましょ
う。むしろこれは，さまざまな韻律的，声質的特徴をまとめ
た言い方です。韻律的要素には，イントネーション，リズム，
それから疑問文に伴う上昇調といった発話のアクセントパター
ンなどが含まれます。ほかに，声の大きさ，発話速度，ピッチ
といった特徴も入ります。一方，声質とは，人の話し方がきし
み声か，息もれ声か，しわがれ声かといったことを指します。

　人々が，聞き手の実際の，または想像する認知能力に合わせ
て声を変えていることは間違いありません。幼児向けの発話
（赤ちゃん言葉，母親語（マザリーズ）とも呼ばれます）では，人は無意識の
うちにピッチやイントネーションを誇張します。逆に年齢が高
い人々に対しても，ときにエルダースピークと呼ばれる話し方
をすることがあります。高齢者に向けたこの話し方には，幼児
向け発話に重なる多くの特徴があるかもしれません。

　また人は，先に説明した言葉のアイロニーの理論に沿うような形で声を変えることがあります。たとえばアイロニーを言う人が自身の内集団に属していない誰かを想像してあざけろうとする場合，きっと無知で愚かな人物のような話し方をするでしょう。同様に，他者が予測をはずしたことをからかおうとしてアイロニーを言う人は，その被害者の声をまねて不正確だった予測をおうむ返しにしたりするでしょう。このように，見せかけ理論とエコー理論のどちらによっても，アイロニストがいつもとは違う声音を使おうとする理由を説明づけることができます。

　言葉のアイロニーに発音の変化が伴うという考えは，1世紀のローマの修辞学者クインティリアヌスの著作に早くも登場します。それから約500年後には，イシドールスが自身の『語源論』のなかでアイロニーの特定の口調について論じました。1974年にアン・カトラーは，サーカズム的口調の特定パラメータとなり得るものとして，鼻音化，発話速度の低下，誇張したアクセントの使用，アクセントの置かれた音節の長音化を挙げました。サーカズム的口調に関する研究が盛んになった初期には，これらの考えが広く支持されていたように思われます。パトリシア・ロックウェルは，サーカズム的口調をピッチの低下，テンポの低下，音強度の増大（要するに，低くなる，遅くなる，大きくなる）の主に3つで特徴づけることができると主張しました。調波対雑音比の減少によって測定される声質の変

化についても報告されています。こうした変化では、雑音が増えて「緊張した」声や「耳障りな」声になるといったことが起こります。ただし、鼻音化についての証拠はいまのところ観察されていません。

結局のところ、サーカズム的口調の研究をラボで行おうとすると、多くの問題がつきまといます。いくつかの研究では、被験者にサーカズム的発言をするように明示的に求めたものがありました。こうした「ポーズ」としてのサーカズムには、その人の「こんな感じの話し方になるだろう」という考えが単に反映されているのかもしれませんが、それがあらかじめ考えたものではない即興のサーカズムの用い方と一致するとは限りません。また、訓練を積んだ俳優にサーカズムを産出してもらった研究もありましたが、これも発声訓練が不自然なふるまいにつながりかねない危険があります。

一方、自発的なサーカズムの研究も困難に満ちています。なぜなら研究参加者は、特に自分が録音・録画されているとわかっていると、攻撃的あるいは敵意があると受け取られる発言をしたがらなくなる可能性があるからです。そのため、研究者たちはサーカズムとそれに伴うサーカズム的口調の両方を確実に引き出す研究タスクを設計するのに、かなりの創意工夫をしなければなりませんでした。

サーカズムを調べる研究の枠組みが成熟するにつれ、最近ではサーカズム的口調の実像がより細かに浮かび上がってきてい

アイロニーを言う人が
自分の内集団に属していない誰かを
想像してあざけろうとする場合，
きっと無知で愚かな人物のような
話し方をするでしょう。

ます。なかでも重要な発見として，サーカズムとサーカズム的
口調の使用には多くの社会的要因が影響を与え得ることが徐々
にわかってきています。これまでのいくつかの節でも述べたよ
うに，話し手と聞き手の共通基盤の量が特に重要な要因のひと
つと考えられています。知らない人同士だと，言外の意図をは
っきり伝えるために互いに少し演じる必要があるように感じる
かもしれません。一方，親しい者同士の場合は，無表情でも十
分に伝わるので，言葉や表情や声でなんとかしようとする必要
がありません。ある話題について自分がどう思っているかを相
手がすでによくわかっているなら，それをどう伝えようと関係
ないのですから，あれこれと余計なことをする必要はないの
です。

　つけ加えておくと，サーカズム的口調の特徴はアイロニーに
特有のものではないかもしれません。リチャード・ロバーツと
わたしは，誇張表現を用いるときにも口調の変化が起こる場合
があることを指摘しました。誇張表現は言葉のアイロニーにも
よく使われるため，サーカズム的口調とはつまりアイロニーが
誇張表現と組み合わさっただけにすぎない可能性があるので
す。さらに，グレゴリー・ブライアントとジーン・フォックス・
トゥリーいわく，「サーカズム的口調は，人々が怒っていると
きや何かを詮索したいときに見せる声の特徴に似ている」との
ことです。最後に，サーカズム的口調は決まった不変の特徴か
らなると考えるのではなく，サーカズム的発言とその直前の発

言との韻律的，または発声的対比という観点から概念化したほうがより正確かもしれません。

　前述したとおり，マザリーズもエルダースピークも，話し手が —— 実際に必要かどうかは別にして —— 子どもや高齢者のために便宜を図ったものと考えられます。これと同様のメカニズムが働いているとすれば，サーカズムの伝達中に起こる発話速度の低下も解釈できるのではないかと，グレッグ・ブライアントは述べています。しかし，すでに見たように，十分な文脈が与えられれば，人は標準的な言葉のアイロニーを理解するのに余分な時間を必要としません。よってサーカズム的口調におけるこうした便宜は，たとえそれが無意識だとしても，マザリーズやエルダースピークと同じように不必要なことなのかもしれません。

表情とジェスチャー

アイロニックな人の顔は太っていて，目元にはしわが寄っている。その表情は眠たげに見える。
　—— アリストテレス（偽），『観相学』

アイロニーとは互いにウィンクし合うようなものだ。なぜならわたしたちは皆，そこでプレーされている意味の逆転ゲームを理解しているのだから。
　—— バリー・ブルメット，『クロース・リーディングのテクニック』（2010）

　アイロニストは，言外の意図を伝えるために数多くの言葉の
ツールを使いこなします。さらに話し手と聞き手が互いに見え
る状況では，顔，頭，手，体などの動きを総動員させる場合も
あります。言葉のアイロニーは感情の伝達と強く結びついてい
ます。その感情がいかに言葉以外のもので表現されるかについ
て考察した文献は多数あり，その歴史はダーウィンの著作にま
でさかのぼることができます。前節でも触れたように，サーカ
ズム的口調の特徴に関する研究は徐々に進歩しつつあるもの
の，それに比べてアイロニーとサーカズムを言葉以外で示すサ
インに着目した実証研究は少ないようです。とはいえ現在ある
文献においても，アイロニーやサーカズムを伝えるために数多
くのパラ言語的サインが用いられていることが指摘されていま
す。

　身体のなかで最も表現豊かな部分といえば，目と口ではない
でしょうか。いくつかの研究では，この二つの伝達ルートの相
対的な重要性に影響する文化の違いが明らかにされています。
たとえばある調査によると，日本では目がより大きな役割を果
たすのに対し，アメリカでは口のほうが重要だといいます。ア
メリカ人の被験者の場合は目や眉の動きよりも口の動きに頼っ
てサーカズムを察知したという，パトリシア・ロックウェルに
よる研究結果も，この主張と一致しているといえます。ほかに
も笑顔——特に平行ではない，どこかゆがんだ笑顔——も重
要なサインのひとつとして，研究者らは挙げています。なかで

も，にやりとした薄ら笑いは，サーカズムの意図があるかどう
かを見きわめる信頼できる指標かもしれません。

　目もまた，アイロニーに付随して働くという芸当を行うこと
ができます。最も代表的なのは目をぎょろつかせる動作ですが，
目を細める，ウィンクする，すばやくまばたきを繰り返すとい
った動作も同様の役割を果たすことができるでしょう。また，
人はサーカズムを言うときには，アイコンタクトをやめて視線
をそらす傾向があります。正直なことを言うときにはそうはし
ません。アメリカのテレビ番組を調査したある研究によると，
特に冗談っぽいおうむ返しやサーカズムなどのユーモラスな発
言をするときには，眉が上がる傾向が見られるといいます。

　しかめっ面など口と目の両方を伴う顔全体のしぐさも，言葉
のアイロニーにはつきものです。口のなかで舌を頬に押し当て
るジェスチャー ── この動作をすると，同時にウィンクをす
ることにもなります ── は英語では慣用句（訳注：tongue in
cheek で「冗談，皮肉を言う」という意味）となるくらい典型
的で，ユーモアやふざけた話し方と密接に関連した身ぶりにな
っています。さらに首をかしげる，うなずくなどの頭の動きも
同様の働きをもっています。

　エアクオート ── 両手の人差し指と中指をすばやく上下さ
せるジェスチャー ── は，印刷文における注意を促す引用符
と同じ役割をします。親指を立てるジェスチャーは，多くの文
化では賛同を示すサイン（なかには卑猥な意味になる文化もあ

ります）ですが，特に両手の親指で顔を縁取るようにしながら歯を見せてニカっと笑った場合は，言外の意図があるという印にもなります。拍手のなかでもゆっくりとリズミカルなものは，称賛ではなく不支持や軽蔑のサーカズムとして機能する場合があります。サッカー選手が物議をかもすような審判の判定にサーカズム的な拍手をして，イエローカードになる事例は数知れません。2019年2月の一般教書演説で，ドナルド・トランプ大統領が協力と歩み寄りを呼びかけた際にナンシー・ペロシが行ったこれみよがしな，まるでセイウチのような拍手は，多くのメディアからサーカズムだというレッテルを貼られました。

　しかし，これらのしぐさやジェスチャーのいずれも言葉のアイロニーに特有のものではないことには注意が必要です。口調と同じく，このようなしぐさもアイロニー的意図を示す明確なサインとしてではなく，その意図を強めるものとしてみたほうがよいでしょう（ドイツ人は指で下まぶたを引き下げて，このあとの話にサーカズムの意図があることを示しますが，これは例外かもしれません）。繰り返しになりますが，言葉のアイロニーは声やジェスチャーが伴わなくともやはり伝わるものです。無表情によるアイロニーの伝達はかなり一般的なことと考えられ，共通基盤が多い場合には非常に効果的といえるでしょう。

サッカー選手が
物議をかもすような審判の判定に
サーカズム的な拍手をして，
イエローカードになる事例は
数知れません。

誇張表現と控えめな表現

　人は言葉のアイロニーを使うとき，しばしば誇張表現と控えめな表現を用いてコミュニケーションの目的を果たそうとします。前に説明したように，これら自体も文字どおりではない言語形式なのですが，アイロニー的意図を示すためにもよく活用されます。

　大げさに言ったり控えめに言ったりすることでアイロニー的発言のねらいが定めやすくなるというのは，そう理解に苦しむ話ではありません。コミュニケーションを成功に導くために，アイロニーを言う人は自身の発言には何か特別なところや変わったところがあることをサインで示す必要があります。そこで話し手は，本章で見てきたとおり，しぐさやジェスチャー，表情，口調などでこうしたサイン伝達を行ったりします。ですがこのサイン伝達は，事実上不可能なこと，ありそうにないこと，あるいはちょっと信じがたい内容を言うことでもできる場合があるのです。

　理論上は，ある人が悪天候についてコメントする場合，「たしかにいい天気だね」といった台詞でも，アイロニー的発言にできるはずです。しかし，こんなときは「なんてすばらしい天気なの！」とか，「最高にすばらしい日じゃないか！」と断言するほうが典型的でしょう。発言と現実に大きな対比をつくり出すことで，アイロニーを言う人は言外の意図をできるだけ明確にしているのです。これによって，ねらいどおりに理解しても

らえるようになるはずだからです。すでに見てきたように，ア
イロニー的発言を察知するのは難しいこともあります。人々が
口にする言葉には，多くの場合，さまざまなニュアンスがまじ
っているものです。話し手が真面目に言っているのか，混乱し
ているのか，脅そうとしているのか，単にいやなことがあった
のか。誇張や控えめな表現を使えば，曖昧な発言を文字どおり
ではない解釈へと導きやすくなるでしょう。

　この見解を検証するために，リチャード・ロバーツとわたし
は，研究参加者に一連の短い台本を読んでもらいました。たと
えばある物語では，新しいアパートへ引っ越す女友だちの手伝
いをする男性について書かれています。その男性は，ひとりで
重たい振り子時計を運べると言い張ります。被験者の半数に渡
したこの物語はハッピーエンドになっていて，時計は楽々と無
事に部屋のなかを運ばれていきました。残りの半数が読んだ物
語では災難が襲いかかります。時計は倒れ，大きな音を立てて
床に落ちてしまいました。そのあと，手伝ってもらった女性が
次のどちらかの発言をします。「手伝ってくれてありがとう（文
字どおり，あるいはアイロニー的反応）」，または「この恩は一
生返せそうにないわ！（誇張反応）」。被験者には，このよう
な台本の最後の発言にアイロニーが意図されていたかどうか
を，段階評価で示してもらいました。

　案の定，本心をそのまま意図していて，誇張のなかった発
言（女性が，時計を無事に運んでくれた友人にお礼を言う）で

は，研究参加者はアイロニーをほとんど感じませんでした。誇張なしの文字どおりではない発言（女性が，時計を倒してしまった友人にお礼を言う）がアイロニーと受け取られたことも，予想どおりといえます。そして結果（時計が倒れる）とは不釣り合いに発せられた誇張発言（「この恩は一生返せそうにないわ！」）に，最も高いアイロニーの評価がつきました。しかし意外にも，文字どおりに使われた誇張発言（つまり，時計を運んでくれたことに過度なお礼を言う）も，どこかアイロニーに受け取られたのです。この結果からは，物事を過度に言いすぎると，たとえその発言が偽りのない本心だとしても，アイロニーの影を落としかねないことがうかがえます。アイロニーを示すのに人々がどれだけ誇張表現を多用しているかを考えると，被験者がこの連関に頼ってこうした過度な発言を理解しようとしたのも，別に驚くべきことではないのかもしれません。

　言葉のアイロニーと誇張表現はどちらも，使用することで期待と実際の結果とのあいだの食い違いを強調できるという点で似ています。ほしいものが手に入らないとき，わたしたちはどちらかの形式を用いてその悔しさや落胆を伝えることができます。不運続きに対するコメントとして，「まったく最高の日だよ！」とか，「何ひとつうまくいきやしない！」と誰かがつぶやく姿は容易に想像できるでしょう。これは，状況的アイロニーと偶然の一致の節で述べた「〜ってアイロニーじゃないか」のような明示的な発言の仕方と似ています。

　また研究者らは，驚きを表現する文脈での言葉のアイロニーと誇張表現についても調査を進めています。話し手はこれら文字どおりではない形式のどちらかを用いて，信じられない，あるいは信じたくない思いを表現することができます。たとえば，宝くじに当たった人が驚いて，「こんなことが100万年に一度でも起こるとは！」や「今日はあまりついていなかったかな」と感嘆の声をあげたりします。しかしハーブ・コルストンとショーナ・ケラーは，アイロニーと誇張表現が一緒に使われたときのほうが，別々に使われたときよりもさらに驚きが表現されると指摘しました。よって，もし宝くじの当選者が心の底から驚いたなら，きっとこう言うかもしれません。「わたしは世界中でいちばん不運な人間に違いない！」

　ハーブ・コルストンとジェニファー・オブライエンは，アイロニーと控えめな表現との関係性について探求しています。この文字どおりではない形式のどちらを使っても対比をつくり出すことは可能ですが（アイロニーと誇張表現で見てきたのと同じです），控えめな表現に比べると，アイロニー的発言のほうがおもしろさや批判色が強まり，期待と現実とのギャップもうまく伝わるようです。こうした対比効果の違いは，アイロニーとそのほかの人間の基本的な認知能力とを結びつける，さまざまな知覚および認知バイアスから生じているのではないかと，コルストンは主張しています。

　最後に，誇張されたアイロニーは本質的にいくらか決まり文

句のようなところがあり，この一面が言外の意図を示すサイン
としておのずと機能している可能性があります。アメリカ英
語のアイロニー的発言は，しばしば副詞とそのあとに続く非
常に肯定的な形容詞で構成されます。たとえば，absolutely
amazing（めちゃくちゃすごい），just great（ただただ最高
だ），simply incredible（とにかく信じられない）などです。
一方でイギリス人は，同様の目的を果たすために控えめな定型
表現をよく用います。イギリス英語では，言葉のアイロニーと
してawfully（ひどく），frightfully（おそろしく），quite（か
なり），rather（やや）などの段階的副詞が使用されるのが一般
的です。たとえば，"That was frightfully clever."（あれはお
そろしく利口だった）などです。とはいえ，キングス・イング
リッシュがこれらの段階的副詞をあまり使用しないアメリカ英
語の影響を受けるようになってきているなか，こうした用法は
徐々に衰退しつつあるといわれています。

アイロニー・マーク

サーカズム用の書体がおおいに必要とされている。
—— マッキー・ミラー，『マウスアタック5!!!』（2010）

　言葉のアイロニーやサーカズムは，書き言葉では誤解されて
しまうことがよくあります。なぜなら，本章で説明してきた声
やジェスチャーによる豊富なサインのレパートリーを使うこと

ができないからです。この知覚不足をなんとかしようと，句読点類に明示的なアイロニー・マークを追加すべきだとたびたび提案されてきました。感嘆符が驚きや怒りを，疑問符が依頼や疑念を示せるように，明示的なアイロニー・マークも文字どおりではない言葉の曖昧さを解消するのに役立つだろうというわけです。

　今日わたしたちが標準的な句読点類と考えるもの —— パソコンのキーボードにあるようなもの —— の多くは，ベネチアの印刷業者だったアルドゥス・マヌティウス（1449頃～1515）とその孫アルドゥスの功績です。彼らは，自分たちが活字を組む書物の文法を明快にする必要性に気づき，コンマ（,）やコロン（:），セミコロン（;），ピリオド（.）の使い方を統一しました。ほかの人々もすぐさまこの慣習を取り入れ，今日ではヨーロッパ中の言語で矛盾なく使われています。アンパサンド（&），アスタリスク（*），パーセント記号（%）などのよく知られた記号にはそれぞれ独自の歴史があります。そのうちのいくつかは，1870年代に開発されたQWERTY配列の機械式タイプライターの配置のなかでシフト文字として定着するようになりました。そのほかの記号のなかには，古来からの系譜を誇るものもあるにもかかわらず，段落を区切るために法律文書で用いられる段落記号（¶）などのように，ある特定の専門領域に追いやられてしまったものもあります。

　なかには，時代とともに別の用途に再利用されてきた記号も

あります。番号記号(#)は，1968年にプッシュ式電話機のキーパッド上のシャープキーとして生まれ変わったことで，やや無名だった存在から救われました。またツイッターのような短文投稿系のSNSでは，ハッシュタグ記号としても新たに普及してきています。同様に，単価記号(@)は，メールアドレスやソーシャルメディアのユーザーネームとして第2の生命を獲得しています。このように，これら句読点類の数や使用法には，絶対に守られるべき決まりはないのです。そのため，アイロニー用の記号を導入しようとする試みもたくさん行われてきました。そうした努力の歴史については，キース・ヒューストンの著書『影の文字たち』に記されています。

16世紀後半，イギリスの印刷業者ヘンリー・デンハムは，裏返した疑問符を修辞的疑問(つまり，回答を必要としない疑問)を示すのに使えないかと提案しました。ですが，このいわゆるパーコンテーション・ポイントが流行することはありませんでした。1668年には，アイロニーを示すサインとして，上下逆さまにした感嘆符を用いることがイギリスの聖職者ジョン・ウィルキンスによって提唱されました。19世紀には，ベルギーの新聞出版者マルセリン・ジョバールとフランスの詩人アルカンタ・デ・ブラームもまたアイロニー・マークを提唱しています。ジョバールの記号はクリスマスツリーにやや似た形をしており，一方のブラームは裏返した疑問符(デンハム風)の使用を推奨しました。1966年になると，作家のエルヴェ・

バザンがフランス語に新たに6つの句読点類を追加することを提案しました。それらには，確信，疑い，愛情，そしてアイロニーを表す記号が含まれていました。バザンのアイロニー・マークは，中央に一部欠けた輪がついた感嘆符のような形をしています。これらの提案のいずれも，思想の市場を牽引するには至りませんでした。

　21世紀に入ると，先ほど述べたように@や#が別の用途で再利用されるようになりました。こうしたことは，パソコンやモバイル機器のキーボードに新しい文字を追加する必要がないため，比較的簡単だったのです。2001年，タラ・リロイアはあまり使われていない波線符号（〜）をサーカズム・マークとして用いることを提案しました。そのほうが，当時流行していた ;-) などのウィンクのスマイリーよりは威厳が出ると考えたのです。書体デザイナーのチョズ・カニンガムは，2007年に同様のアプローチを率先して行いました。彼が考えたのは，ピリオドに波線符号をつけるというものでした。文末につけるこの「スナーク・マーク」で，アイロニーやサーカズムを示そうとしたのです。たとえば，"What a perfectly lovely day.〜"（なんて最高にすばらしい日なの〜）のようにです。@や#と同じようにあまり使われてこなかった波線記号も大半のキーボードに搭載されており，人々の文字どおりではない意図を明確にすることで新しい命を吹き込まれるかもしれないというわけです。

　アイロニーを表すためにまったく新しい記号をつくるとなると，はるかに大がかりな仕事になります。実現するには，ユニコードコンソーシアムが統括する国際規格にそのマークが追加されなければならないでしょう。ネット上や電子的に作成されたドキュメント内のテキストのほとんどは，コンソーシアムによって規定されたUTF-8と呼ばれる標準規格に準拠しています。この規格にはUnicodeによって規定された13万7000以上の文字が網羅されており，裏返しの疑問符や上下逆さまの感嘆符などの記号も，アラビア語とスペイン語でそれぞれ用いられているためにすでに含まれています。とはいえ，どの特定の書体でもごく限られたUnicodeの文字セットしかサポートされていません。よって，もし仮にまったく新しいマークが規格に追加されたとしても，書体の製作会社がそれを受けて自分たちの書体にその記号を追加するかはあやしいところです。

　2010年，ポール・サックと息子のダグラスは，@を上下逆さまにしたうえで真ん中にドットをつけたような形の「サークマーク SarcMark」を導入することで，この問題を回避しようとしました。商標登録されたこの記号はドキュメントにペーストできる図形として，当初2ドルでダウンロードできるようになっていました。この記号はメディアの注目をそれなりに集めはしましたが，それまでに提案されてきたもの以上のよい結果を生み出すことはありませんでした。理由は間違いなく，使うのに面倒だし，商標で守られていて無料ではなかったからでしょ

う。ですが次章で見ていくように，アイロニーを示すマークは，エモーティコン（句読点類をいくつか組み合わせたもの）や絵文字（表意文字のような役割をもつ絵）という形ではありますが，ネットの世界にたしかに存在しています。

アイロニー・マークの使用に対する反対意見は，つまるところ，そんなものは余計か，あるいはアイロニーの概念と相反するではないかという主張に集約されます。アイロニー・マークなど不要だと訴える人々は，周囲の文脈から単語なり文章なりを際立たせる方法ならすでにいろいろあると指摘しています。長らく著述家たちは，その目的のために注意を促す引用符や大文字やイタリックを使ってきたのです。

アイロニー・マークがそうした言葉の使用とは相容れないとする反論のほうは，もう少し繊細です。簡単にいえば，アイロニーの意図をはっきり示してしまったら，このような表現から驚かせたり楽しませたりする力を奪うことになるという主張です。これは，冗談のオチを先に言ってしまうようなものです。どちらの場合も，不調和な発言を前もって予告すれば，その生命力が失われてしまいます。アイロニーを明示するマークによって，たしかに誤解される可能性は取り除かれるかもしれません。しかし，それは同時にアイロニーの表現自体の力を弱めることにもなります。したがって，そもそもこのような言葉を使う意味がほとんどなくなるでしょう。

アイロニーの意図を
はっきり示してしまったら,
このような表現から驚かせたり
楽しませたりする力を
奪うことになります。
これは, 冗談のオチを
先に言ってしまうようなものです。

単語と語彙カテゴリー

アイロニストが話したり書いたりする際に用いがちな特定の種類の単語が，言葉のアイロニーとサーカズムを示すサインとなっている場合もあるかもしれません。たとえば，ある特定の品詞に属する単語が，これらの言葉の使用と結びつきやすい傾向にあると考えられます。この考えは，まったく異なる二つのソースから得られたデータや，被験者の評価を扱った研究によって裏づけされています。まずは，辞書から知り得ることにもう一度目を向けてみるところから始めましょう。

『オックスフォード英語辞典ショーター版』（第6版）のデジタル版では，ユーザーは品詞からだったり，「空軍の俗語」や「ボクシングの俗語」といったカテゴリー一覧からなど，さまざまな方法で項目を検索することができます。こうしたカテゴリー一覧のひとつに，ironic（アイロニック）があります。辞書にあるおよそ60万に及ぶ単語と意味の定義のうち，このカテゴリーに指定されているのはわずか140のみです。編纂者らは，その単語の意味にアイロニーの意図がある可能性を，「しばしばアイロニック」，「かなりの頻度でアイロニック」，「ほぼ日常的にアイロニック」などの注釈を用いて相対的に示すことで，断定を避けています。また注釈には，「滑稽な，またはアイロニック」，「口語的，またはアイロニック」，「誇張の，またはアイロニック」，「アイロニック，または軽蔑的」などのように，追加の手引きが書かれている場合もあります。

ここに分類されている単語や言い回しは，あたかもランダムに選ばれた名詞（comedian［コメディアン］，jaunt［気晴らし旅行］，pundit［ご意見番，専門家］など），名詞句（feathered friend［羽の生えた友だち］，sweetness and light［ご機嫌］，tender mercies［優しき慈悲］など），動詞（glad-hand［大歓迎する］，liberate［解放する］，volunteer［自ら進んで行う］など），間投詞（bully for you［けっこうなことだ］，God save the mark［いやはや］，tough［お気の毒さま］など），副詞（exactly［まさしく］，kindly［親切に］，scarcely［ほとんど～ない］など），形容詞（glorious［栄光ある］，honest［正直な］，princely［気前のよい］など）の寄せ集めのように見えます。ほかにも「アイロニック」の一覧には，決まり文句（cry all the way to the bank［儲かって泣く］，deafening silence［耳をつんざくような静けさ］，son of toil［労働者］など）や，文学のほのめかし（Brave New World［すばらしい新世界］，Fauntleroy［小公子］，quiet American［おとなしいアメリカ人］など）といった例も含まれています。『オックスフォード英語辞典ショーター版』の編纂者が，どのような判断基準を用いたかはわかりかねます。なぜなら，アイロニーとしてよく使われている似たような単語やフレーズはまだたくさんあるのに，ここには分類されていないからです。

　この見解を冗談半分にからかったものとして，1992年11月の『ニュー・パブリック』誌にダグラス・クープランドが発

表した"The Irony Board(アイロニー・ボード)"というタイトルのリストがあります。このリストには,「100％アイロニーとしてしか使用されない単語の調査報告」が提供されています。彼はその２カ月後,同誌にリストの第２弾を発表しました。二つのリストには, collector's item(コレクターズアイテム), gal(ギャル), groovy(グルービー), hot hubby(ホットなダンナ), madcap(無鉄砲な), perky(元気のよい)など,合わせて108の語句が掲載されています。

　クープランドの基準は,非常に独特かつウケねらいといえます(たとえば,「35歳以下の人が,その言葉を真顔で言えるかどうか」など)。とはいえ,リストにある用語の約半分が名詞で,残りの半分が形容詞であることは注目に値するでしょう。この結果は,『オックスフォード英語辞典ショーター版』の編纂者にアイロニーと識別された単語の品詞の比率 —— 名詞と形容詞がおよそ40％,残りが動詞か副詞 —— に驚くほど近似しているのです。英語のテキストに対して行った複数の大規模解析によると,通常だと名詞が形容詞の約３倍の量を占める(名詞が19％,形容詞が６％)といいます。それなのに形容詞が多く出てきているということなら,この品詞とアイロニックな意図が関連している可能性があると考えられるのです。ここに記した結果はまだ確定的ではありませんが,興味深いといえます。またリチャード・ロバーツとわたしは, simply delightful(とにかくうれしい)やabsolutely wonderful(実にすばらしい)

など，大げさな副詞と形容詞の組み合わせを用いることで，話し手がアイロニックな意図を表す場合があることをかねてから指摘してきました。誇張表現がアイロニーと強い関連性のある文字どおりではない言葉であることは，すでに見てきたとおりです。

　副詞や形容詞のほかにも，同じサイン機能を果たせる別の品詞があるかもしれません。その見込みがある候補は，間投詞に分類される語のなかにあります。ほぼどんな単語も理論上は感嘆語として用いることができるものの，辞書では間投詞は比較的小さく閉じた品詞として扱われる傾向にあります。たとえば，『メリアム＝ウェブスター大学生用辞典』でこの品詞グループに分類されているのは，わずか160項目のみです。そのうちの多くはめったに使われないか，すでに廃れてしまっていますが（gadzooks［ちぇっ］やgardyloo［そら，水だぞ］など，誰か知っている人はいますか），それ以外のgolly（おやっ）やhooray（やったー）やyippie（わあ）などはアイロニーのサインとして機能している場合もあるかもしれません。「gosh（えっ）」や「gee（うわー）」などの一部の間投詞についても，特に普段のくだけた会話ではそう珍しいものではありません。

　ジーナ・カウッチとわたしは，簡単な実験をしてこの可能性について検証してみました。わたしたちは複数の現代小説のなかから，登場人物の発言が「〜とサーカズム的に言った」という言い回しで終わっている対話を探し出しました。これなら，

著者が間違いなくそれらの発言を文字どおりではないものとして解釈してもらいたがっているとわかるからです。次に，わたしたちはこの明示的なサーカズムの目印を省いたうえで，大学生たちに対話を評価してもらいました（彼らには，発言の意味がわかるように多少の文脈もあわせて提示しました）。具体的には，話し手がサーカズムを言っている可能性がどのくらいあるか（サーカズム確信度）について，参加者たちに段階評価をしてもらったのです。彼らは，統制条件——つまり，同じ著者によって書かれたが，サーカズムであることを示す印はない対話——に比べて，もともと著者によって目印がつけられていた対話について，有意に高いサーカズム確信度の点数をつけました。どうやら彼らはテキスト上にある何らかのサーカズムの手がかりに反応したようですが，それはいったい何だったのでしょうか。

　わたしたちは，各抜粋の語数や，形容詞や副詞があるか，間投詞が使われているか，疑問符や感嘆符といった句読点類が含まれているかなどのさまざまな側面でサーカズム発言をコード化しました。回帰分析の結果，抜粋部分の単語数では参加者のサーカズム評価は有意に予測されないことがわかりました。これは，わたしたちが提示した文脈の量は参加者の評価に影響がなかったということなので，よい結果といえます。しかし，形容詞，副詞，句読点類の有無でも被験者の判断を予測できませんでした。では何が重要要因となっていたのかというと，実は

登場人物の発言に間投詞が含まれているかどうかだったのです。この研究結果は，のちにデイヴィッド・コヴァッツを筆頭にわたしのラボで行われた研究でも再現され，さらにサーカズム的ツイートにはそうではないツイートよりも間投詞が多く含まれるという傾向も示されました。間投詞は，しばしば文字どおりに感嘆や驚きなどの純粋な反応を表現するために用いられるものです。しかし，アイロニーやサーカズムの意図を示す重要な役割も果たしていると考えられるのです。

第8章

アイロニーとインターネット

文脈の崩壊

　あなたには友だちが何人いますか。もしもこれを「フェイスブックでどれだけの人と友だちになっているか」をチェックして数値化しようとするなら，答えは100人を超えるかもしれません。ですが，これはその全員と親しい間柄であることを意味するわけではもちろんありません。明らかに，あなたのネット上の世界は，家族や親友，仕事仲間，何年も前に友だちだった人，遠い親戚，ちょっとした顔見知り，そしてまったく会ったこともない人などが混ざり合って構成されているはずです。フェイスブックは，「友人とは何か」の意味を拡張しました。ツイッターやインスタグラムのフォロワー数となるとさらに増え，そのほとんどが知らない人という場合もあるかもしれません。ポッドキャストの配信者なら，自分の配信データをダウンロードしてくれている数千の人々と，いっさい個人的なかかわ

りがないということもあり得るでしょう。これらすべてのことは，ソーシャルメディアを介した他者とのコミュニケーションの取り方に重要な影響を及ぼしています。

　本書で一貫して見てきたように，コミュニケーションの成功に欠かせない前提条件は，共通基盤の量です。友人なら，自分のユーモアのセンスや人生観，言葉づかいの癖，いま言っているのが本心かサーカズムかなどを理解してくれます。見ず知らずの人や単なる知り合いでは，そうはいかないでしょう。加えて，人が把握しておける社会的関係の数は，認知能力によって制限されている可能性もあります。

　1992年に人類学者のロビン・ダンバーは，その数をおそらく150人くらいだろうと述べました。ソーシャルメディア上にこれよりはるかに多い数のつながりをもっている人はたくさんいますが，ダンバーはそのような巨大ネットワークをこの認知的制約をうまくかわした例と見るべきではないと主張しています。ともすれば，わたしたちはこうしたつながりを数百ともつ場合もありますが，面と向き合う交流がなければ，これらの関係性の多くはしょせん希薄なものです。

　ソーシャルメディア研究者のダナ・ボイドの見解によると，オンラインネットワークは文脈の崩壊を生じさせ，さまざまな閲覧者を単一の存在としてひとまとめにしてしまうといいます。その結果，ソーシャルメディアに投稿する人は，たまたま読むかもしれない全員に一様に理解されるようなメッセージを

つくることが難しくなります。聴衆を概念化し，その多様な人々の反応を予測する困難さについては，ソーシャルネットワークが出現するよりずっと前から言われてきました。風刺家やパロディストが誤解されたり，名誉毀損で訴えられたり，ひいては捕まる危険まで背負っていることは，すでに知られているとおりです。また，ソーシャルメディアの制約 ―― 短めのフェイスブックの投稿は意思疎通がはかりにくいと考えられること，ツイッターには1回のツイートにつき280文字までという文字制限があること（日本語は140文字まで） ―― を考えると，想像上の閲覧者との交流はとりわけ緊張感に満ちているといえるでしょう。

　そのため当然ながら，文脈の崩壊や短いメッセージは人々のネット上での自己表現の仕方に実質的な影響を及ぼすことになります。テレサ・ジル＝ロペスらは，投稿者のもつソーシャルネットワークの大きさや多様性が，その人が使う表現スタイルの幅と負の相関関係にあることを明らかにしました。つまり，より大きなネットワークをもつ人は，次第にいつも同じような接続詞や助動詞といった機能語や口語表現ばかりを使い回すようになっていく傾向があり，一方小さめのネットワークをもつ人の投稿はもっとバラエティに富んでいます。

　文脈の崩壊が文字どおりではない言葉の使用に影響を与えることは，容易に理解できるでしょう。投稿者がさまざまな，あるいは知りもしない閲覧者を想像して制約を感じるとするな

人が把握しておける社会的関係の数は，
認知能力によって制限されている
可能性もあります。

ら，ネット上でアイロニーやサーカズムを使うのは対面時よりもはるかに冒険的なことです。先のジル＝ロペスの研究では，ネットワークの規模と肯定的感情を表す単語とのあいだには正の相関関係，否定的感情を表す単語とのあいだには負の相関関係があることも明らかにされています。とはいえ，同研究の感情の測定には問題があります。なぜなら，すでに見たように言葉のアイロニーは，肯定的な言葉で否定的な結果を表現する場合が多いからです。言い換えれば，ジル＝ロペスのデータにおいて，見かけ上は肯定的な言葉のなかにサーカズムがカモフラージュされて存在している可能性があるかもしれないのです。

　言葉のアイロニーがネットの世界に存在していることはたしかです。ですが文脈の崩壊によって，文字どおりではない意図を示すのに，アイロニストはさらに露骨になる必要に迫られるでしょう。次節からは，ネットユーザーがつくり出したサインを通じて，このことがどのように達成されているのかを見ていきます。具体的には，エモーティコン，絵文字，ハッシュタグ，インターネット・ミーム（ネット上で拡散されるネタ情報）が，顔の表情やジェスチャー，サーカズム的口調などの代わりとしてどう機能するかを検討します。

エモーティコン

　ある日，レイ・トムリンソンが腰をおろして一通の電子メールを送信したとき，彼は歴史をつくることになりました。とい

うのも，そのとき送信されたのは，まさに歴史上第1通目の電子メールだったのです。時は1971年，受信者は——ただのテストだったので彼自身でした。30歳のコンピュータ・エンジニアだったトムリンソンは，大学や研究ラボの少数のコンピュータ間をつなげる政府出資のネットワーク，ARPANETを開発する会社で働いていました。彼はネットワークを介してほかの人とメッセージを交換できる方法があれば便利かもしれないと考え，サイド・プロジェクトとしてそれ用のソフトウェアを開発しました。年月を経て電子メールはずいぶんと普及し，2017年には世界中で毎日およそ2690億通ものメッセージが送信されるようになりました。

　しかし会話の代用とするには，電子メールには欠点がたくさんあります。まず，電子メールのやりとりは通常リアルタイムには起こらず，同時性に欠けます。また対面のコミュニケーションのような細やかさもありません。さらに，どんなニュアンスにしろ，感情を伝える媒体としては，明らかに不十分です。たとえば，電子メールでふざけた意図を明確に伝えるのは，驚くほど難易度の高いことです。

　トムリンソンが電子メールを生み出してから10年後，コンピュータ科学者のスコット・ファールマンは，カーネギー・メロン大学の電子掲示板に投稿されていたいくつもの冗談が誤解されて伝わっている現状に不満を抱いていました。そこで彼は，次のようなメッセージを投稿しました。

冗談のマークとして，以下の文字列を使うのはどうだろうか。

:-)

横向きにして読むんだ。まあ，いまの傾向を考えれば，冗談ではないものにマークをつけるほうが効率的だろうが。そんなときに使うのはこれだ。

:-(

　ファールマンがこのメッセージを投稿したのは，1982年9月19日のことでした。結果，わたしたちはスマイリーとして知られるようになったものの正確な誕生日を知るに至っています。ひとたびこの特殊な精霊が世に放たれると，電子メールのユーザーたちはエモーティコン（emoticon; emotion＝感情とicon＝アイコンの混成語）と総称されるさまざまな新記号づくりに熱狂しました。そのなかには，:-o（ショック），:-/（疑い），:-D（喜び），:->（意地の悪い笑み）などがあります。

　やがて，いくつかの特定のエモーティコンがサーカズムの意図と結びつけられるようになっていきました。なかでも広く使われるようになったのは，ウィンクした顔 ;-) です。2001年に発表された研究では，参加したアメリカの大学生の実に84％がサーカズムにウィンクのエモーティコンをつけていたのに対し，スマイリーをつけたのはわずか10％だけでした。こうした調査結果にもかかわらず，ウィンクしているエモーティコンがあるからといって，そのような付加物がない場合よりもメ

ッセージのサーカズム度が増すといった事実は見られないとの
知見も，複数の研究者から寄せられました。一方，その15年
後に発表された研究結果からは，スコットランドの大学生はサ
ーカズム的コメントであることを明確にするためにウィンクし
ている顔と舌を出している顔 :-P をごく自然に用いている一
方，同じ目的のためにほかの省略記号も頻繁に利用しているこ
とが判明しました。また，学生がつくったエモーティコンの
76％には鼻がなかった点も注目に値します。ここからは，人々
がエモーティコンに慣れ親しんでいくにつれ，より単純化と抽
象化が進んだことがうかがえます。

　いくつかの研究によると，エモーティコンの使用には性差も
見られるといいます。インターネット掲示板におけるエモーテ
ィコンの使用について調べた比較的早い段階の研究では，女性
がユーモアを伝えるために用いる傾向にあったのに対し，男性
はからかいやサーカズムの伝達を目的に使っていたことが明ら
かにされています。しかし，のちの複数の研究ではエモーティ
コンの使い方に性差は認められませんでした。

　1980年代半ばになると，日本でも同じように文字をベース
にした感情表現が発達し始めました。"顔文字"（face mark）と呼ばれるそ
れらは，認識するために頭を傾ける必要がありません。こちら
もエモーティコンと同様に鼻が省略され，＾＿＾（うれしい）の
ように目と口だけで表現される場合があります。また，(>_<)
などのように，顔の輪郭を描くのに括弧が用いられたりもしま

す。日本の文字には，ローマ字以外にも日本語の音節に対応した48字(カタカナ)があり，¯_(ツ)_/¯(「はいはい」といった呆れ)のようにより複雑な組み合わせをつくるのに用いられています。これらの顔文字のいくつかは，日本国外でも人気を博すようになりました。しかし，アイロニーと結びつくものとしては(^ω^)がある反面，サーカズムと明確に関連づけられた顔文字は特にないようです。

エモーティコンは，サーカズムの普遍的なサインシステムとしてはそこまで浸透することはなかったようです。ビジネス・コミュニケーションなどのフォーマルな状況で使うと不快に思われやすいというのが，特に大きな理由でしょう。前章で説明したアイロニー・マークに比べればはるかに幅広く用いられているものの，エモーティコンも顔文字も，少なくとも電子メールやテキストメッセージ上では絵文字の発達に大きく取って代わられてしまいました。

絵文字，ハッシュタグ，インターネット・ミーム

<flame intensity = "100%">
あんたはまったくキャリア官僚向きだと思うね。
</flame>
── エリック・S・レイモンド，『ジャーゴン・ファイル』version 4.4.7 (2003)

　絵文字の発達により，オンライン上で感情表現を伝えるパレットの幅は格段に広がりました。もともとこれらの記号は1990年代に日本の携帯電話で使われ始め，さまざまな通信事業者がそれぞれ独自のバージョンを開発していました。規格化されるようになったのは2010年，Unicodeと呼ばれる統一文字セットに組み込まれるようになってからです。スマートフォンの世界的な普及によって，絵文字は瞬く間に多くの人々のコミュニケーションに欠かせないものになりました。一般的に使用されているエモーティコンがほんの一握りなのに対し，本書執筆時点でのUnicode規格であるバージョン12では3100種類もの絵文字が選べるなど，数字を見る限りは絵文字がエモーティコンに大きく取って代わったといえます。

　これらの記号の多くはものや動物ですが，さまざまな表情の人の顔を描いたものも数十種類あります。自分のテキストメッセージに，物思いにふけった顔や目を細めて舌を突き出した顔，サングラスをかけた笑顔などを入れたいと思ったことはないでしょうか。絵文字はこれらすべての表情に対応しているうえ，ほかにもまだたくさんあります。ただし，表示される絵文字の見かけにはさまざまなものがあることを指摘しておくべきでしょう。文字コード表の規格はUnicodeによって決められてはいるものの，たとえばU+1F600（にっこり顔）を選択した際に表示される絵柄の決定はアップル，グーグル，フェイスブック，ツイッターなどの各社に委ねられているのです。同じオペ

レーションシステム（OS）でもバージョンによって，これらの表示は多少異なってきます。

　3000以上もの異なる絵文字があるのだから，この文字セットのなかにアイロニーやサーカズム用の顔もあるにきまっていると思う人もいるでしょう。しかし，そのように名づけられた絵文字は特にないのが現状です。アイロニーを伝えるのに，ウェブサイトのEmojipediaでは，「片メガネをかけた顔」，「ウィンク顔」，「わずかに微笑んだ顔」，さらには「ゆがんだ笑みを浮かべたネコの顔」など，いくつかの選択肢が推奨されています。サーカズムについては，「上下逆さまの顔」，「片手を軽く持ち上げ，『こちらへ』と示すポーズをした人」，「目を上向きにぎょろつかせた顔」などが提案されています。目をぎょろつかせた絵文字の説明には，「わずかな軽蔑，不賛成，いらだち，退屈を伝えるもの。語調は，ふざけた，生意気，憤慨，サーカズムなど多岐にわたる」と書かれています。つまり，この記号によって伝えられる感情は広範囲に及ぶということです。またEmojipediaは，目をぎょろつかせた絵文字（U+1F644）の絵柄について，OSによってかなり異なるので注意して使用すべきだとも警告しています。これらの問題を鑑みれば，アイロニーやサーカズムを絵文字で表現する定まった方法が出てこない理由も理解しやすくなるでしょう。

　絵文字に本来備わっている曖昧さのせいか，意図をより明確に示すマークも同時期に発達を見せました。2007年にクリ

これらの問題を鑑みれば，
アイロニーやサーカズムを
絵文字で表現する定まった方法が
出てこない理由も
理解しやすくなるでしょう。

ス・メッシーナがツイッターの投稿内で初めてハッシュタグ
—— ひとつまたは複数の語のまとまりの前に置かれる番号記
号（#）—— の使用を提唱すると，その約束事は同じプラット
フォームのユーザーたちによって瞬く間に使われるようになり
ました。いまやハッシュタグはあらゆる種類のソーシャルメデ
ィアに広まり，ユーザーが自分たちの投稿を分類化できるある
種のメタデータとして機能しています。これにより，似たよう
な関心をもつほかのユーザーに投稿を見つけてもらいやすく
なるのです。ハッシュタグのなかには，#MisheardLyrics（#
空耳歌詞）のようにくだらないものもあれば，Me Too運動
（#MeToo）のように社会変革につながるものもあります。ハ
ッシュタグつきの投稿は集計可能なため，ツイッターの「トレ
ンド」などで人気度をリアルタイムで追跡してレポートするこ
ともできます。

　本書として注目すべきは，#sarcasm（#サーカズム）や
#irony（#アイロニー）などのハッシュタグを用いることで，
文字どおりではない意図を示せるというところでしょう。さ
らに同じことを表すにしても，たとえば<sarcasm>や</
sarcasm>のような擬似HTMLマークアップを使うといった
バリエーションも活用できるかもしれません。とはいえ，こう
した明示的なマークを使用することには難点があります。前に
も述べましたが，これは冗談の意味をいちいち説明するような
ものです。タグづけされると，そのようにラベリングされた文

章からは意外さやユーモアなどのわくわく感が奪われてしまうのです。ほかに，意図の面でも問題があります。つまり，投稿者が #sarcasm のハッシュタグを，おそらく一種の社会批判としてサーカズム的に使っている可能性もあるわけです。

　研究者らは，これらの注意点を念頭に置きつつ，ハッシュタグつきの投稿を広く研究してきました。というのも，こうした投稿には，発話やほかの形のテキストとは違って投稿者の心情が後世にまで記録として残り続けるからです。また，こうした投稿なら，分析用として大規模なデータセットを大量に集めることができるという理由もあります。

　ツイートは，言葉のアイロニーを調べるにあたって興味深い実証実験の場となります。なぜなら，投稿の文字数が 2017 年 11 月以前で最大 140 文字（約 28 語），それ以降でも半角英数字で 280 文字と，非常に短いからです。ここまで文脈が少ないと，サーカズムを意図したツイートと文字どおりの意味のツイートとの正確な区別が困難になると考えられます。2011 年の研究でロベルト・ゴンザレス＝イバニェスらが明らかにしたところによると，こうした分類作業において 3 人の判定者の意見が一致した確率は，わずか 72 ％でした。正確度となるとさらに低く，判断が当たっていた確率は 67 ％でした。一方，ツイートにエモーティコンが含まれていると，意見の一致は 89 ％まで上がりました。ただし正確度は依然として高くなく，当たったのはたったの 73 ％でした。

　ハッシュタグを使った投稿はまた，サーカズムとアイロニーの違いを探求するもうひとつの方法を研究者にもたらしました。ジェニファー・リンとローマン・クリンガーは約10万件のツイートを分析するなかで，#ironyや#ironicとタグづけされたツイートのほうが，#sarcasmや#sarcasticとタグづけされたツイートよりも長くなりがちなことを発見しました。これはおそらく，サーカズム的感情を表すよりも，状況的アイロニーを説明するほうが多くの単語を必要とするからでしょう。また，アイロニーのツイートにはより多くの否定的な語が含まれる傾向が見られたのに対し，サーカズムのツイートには肯定的な語のほうが多く用いられていました。この結果は，先に説明した情動反応の非対称性 —— 通常サーカズムでは，否定的な結果を表すのに肯定的な言葉が用いられる —— の別の表れといえます。さらにこうしたタグがついていないツイートと比較すると，サーカズムのツイートは他者についての言及が多くなりがちな傾向にありました。このことは，サーカズムは通常ある特定の存在や被害者に向けて発せられるという考えを裏づけています。

　ネット上で拡散されるネタ情報（ミーム）も，アイロニーとサーカズムの発想を人々がどう概念化して伝達しているかを知るための別の手段として有効です。映画からの静止画像はミームのとりわけ豊富な素材となっており，なかには言葉のアイロニーと関連づけられるようになったものもあります。そのうち

の1枚に，1971年の映画「夢のチョコレート工場」で主役を演じているときの，俳優ジーン・ワイルダーの画像があります。ワイルダーの表情は曖昧で読めないのですが，これが相手を見下した態度と結びつけられるようになりました。この画像には，「大学を卒業したばかりだって？　なら，とびきり賢いに違いないな」といった感じのサーカズム的メッセージが添えられます。ほかにも映画の静止画像によるミームとして，1989年のカルト映画「バンパイア・キッス」から，目を大きく見開いたニコラス・ケイジの写った画像が挙げられます。ケージの画像にも決まって，「へえ，そう！」などのサーカズム的発言がつけられます。どちらの画像も，2010年代半ばにネットの世界で不信感や軽蔑を示す方法として人気を博しました。これらは今後何年かは流行り続けたり，ネット上の定型表現のようになったりするかもしれません。しかしその後はミーム理論でも予測されているように，アイロニーのより新しい慣習にまた取って代わられていくことでしょう。

アイロニーとセンチメント分析

　ソーシャルメディアは，単に友人や家族が連絡を取り合う便利な手段というだけにとどまらず，企業が自社の世間的注目度をモニタリングする重要な手段にもなってきています。インターネット以前には，こうしたことに目を光らせるために企業は市場調査の実施，世論調査の委託，フォーカスグループ（意見

収集のために集められる顧客グループ)の創設などに多大な時間と資金を費やしていました。これらの方法は今も使われてはいますが,そこにソーシャルメディアのモニタリングという方法も加えられるようになりました。ネット上の口コミや,ブログ投稿,ツイッターの内容は,企業の製品,ブランド,あるいはサービスなどに対する世間一般のイメージを知ることのできる強力かつリアルタイムな手段となり得るのです。こうしたデータを収集し分析するプロセスは,オピニオン・マイニングまたはセンチメント分析と呼ばれます。

　理論上は,センチメント分析はさほど難しくない情報検索のはずです。ウェブで特定の企業や製品に対する言及を探し,関連する投稿を分析用にダウンロード(または「抽出」)することができます。その際,たいていは抽出された文章,投稿,ドキュメントに含まれる単語の極性判定が行われます。これによって,ネットの口コミにある「最高」や「すばらしい」などの肯定的な単語と,そこまで好ましくない記述の数を比較できたりします。しかし,ここには難点があります。すでに見たように,通常アイロニーやサーカズム的発言では,否定的な経験や意見を述べるのに非常に肯定的な言葉が用いられます。よって極性の単純な判定基準では,たとえ投稿者の実際の心情が決して好意的ではなかったとしても,その文字どおりではない投稿が肯定的なものとして分類されてしまう場合があるのです。

　この問題は,否定的な投稿にそういう投稿なのだと,たとえ

ばサーカズムのハッシュタグなどの明確な印がつけられていれ
ば，いくぶん解消されるかもしれません。そして，ソーシャル
メディア内にある言葉のアイロニーの多くには明確な印はない
ものの，そうしたたくさんの投稿は投稿者によってタグづけが
されています。ネット上に存在する意見の多さを考えると，ビ
ッグデータが関わるようなトピックを検討するために開発され
たツールを用いることで，研究者らは膨大なデータセットを研
究することが可能でしょう。ディープラーニングなどの効果的
な統計アルゴリズム的手法なら，ニューラルネットワークに学
習させて言葉のアイロニーを検出できるようになるかもしれま
せん。自然言語処理（NLP）として知られるこの下位分野を扱
う人工知能研究者やコンピュータ言語学者は，人々のアイロニ
ーの理解の仕方を調べる認知科学者たちの研究を参照してき
ました。その反対に認知科学者は，NLPの研究者の見識から，
言外の意図を示すのに使用されるサインに関する新たな情報源
を得ています。

　NLPの研究者が直面している難しさとして，ある投稿がア
イロニーかどうかについて人間はそんなにうまく意見を一致さ
せられないという問題があります。このタスクは，コメントが
長くなるほどより簡単になります。なぜなら，人は付加的な内
容によって言外の意図を判断できるからです。ですが，わずか
数単語のみのツイートのように短い投稿だと，こうした試みは
難しくなるかもしれません。ほかの文脈や情報がなければ，「絶

好のサイクリング日和だ！」といった投稿をどう解釈すべきか
知ることはきっと困難です。前節で触れたように，人の意見が
一致する確率はわずか70％ほどでしかなく，その正確度——
つまり，その文章がアイロニーかを正確に識別できるかどうか
——はさらに低いのです。

　しかし，こうした困難があっても，コンピュータ科学者がこ
の問題への取り組みから退くことはありません。むしろ世界中
のラボには，このトピックに特化したまるで家内工業といえる
ようなものが続々と誕生しています。データが使い放題で，関
連パラメータを際限なく調整してシステムのパフォーマンスに
与える影響をいくらでも調べることができるため，この分野へ
の参入障壁は低いのです。さらに，文字どおりではない発言を，
少なくとも人間と同じ程度に分類できるシステムができれば，
その利益はかなり見込めるでしょう。

　センチメント分析プログラムでアイロニーの意図を示すサイ
ンのいくつかを特定することは，比較的容易にできます。すで
に見たように，多くのアイロニー的発言には特定の単語や定型
フレーズが用いられています。そのため，文法や語順などの要
素を考慮しないバッグ・オブ・ワーズアプローチ法（テキスト
を単語の出現回数でベクトル化する方法）のような単純なもの
でも，ある程度の結果は出せます。このようなアプローチ法は，
それ以外にもエモーティコンや笑いの表示，感嘆符や疑問符と
いった句読点類の多用などの言葉のアイロニーの明確なマーク

についても検討することが可能です。

　本当の難しさは，そうした投稿のテキストレベルを超えるときに存在してきます。もしそれを超えるとなれば，非常に高度なシステムにとっても困難な問題について検討しなければなりません。そうした要素のひとつとして，文脈の問題が挙げられます。NLPの研究者らの知見によると，一般的に，インターネット掲示板などに立てられたディスカッション・スレッド内の一連の投稿に含まれる心情を評価できるシステムでは，アイロニーの検出精度が向上するといいます。その理由のひとつは，アイロニーがアイロニーを生むからです。投稿者は，ちゃんと自分がほかの参加者の冗談を理解していると示すために，自身もサーカズム的な投稿をするといった手を使う場合があります。こうして投稿者たちは，自分が最初の投稿者の内集団に属していると伝えるのです。周囲の文脈はまた，参加者たちの共通基盤の量に代わるような手がかりにもなり得ます。

　しかし，それよりもっと厄介な問題には，世界についての一般的な知識，特に事象に対する期待が関係してきます。たしかに人工知能プログラムは，すばらしく見事にさまざまなことをやってのけます。ですが，歯医者に行くのは通常楽しくないことで，逆に遊園地に行くのは楽しいというようなことを，人間と同じように直感的に知る手段はもち合わせていません。システムのパフォーマンスを向上させるまた違った方法として，状況や期待に対する表に出ない心情を追加してみるというのもあ

りかもしれません。現在ソーシャルメディアでのアイロニーの
検出問題に多くの注目が向けられていることを考えると，この
点に関して常に人間をしのぐシステムが開発されるのも時間の
問題かもしれません。

第9章

ほのめかし表現の未来

非アイロニー的サーカズムの問題

第2章で見たように，アイロニーにはサーカズムではない形のものがたくさんあります。では，アイロニーではないサーカズムといったものも存在するのでしょうか。辞書には通常，サーカズムとは「苦々しい，嘲笑するような，または冷笑的なコメント」と定義されています。こうした発話は事実に反することではなく，偽りのない本心からのものである場合もあります。

たとえば，ほかの車がいきなり目の前に車線変更してきて，急ブレーキを踏むことになったドライバーを想像してみてください。きっと彼は，自分か同乗者に向かって「ちゃんと合図を出すドライバーって本当いいよな！」などとつぶやいたかもしれません。一見すると，この発言は否定的な結果に肯定的な評価をしているので，標準的アイロニーの例に思えます。ですが，このドライバーは言ったことと反対のことを意図しているわけ

ではありません。つまり、「ちゃんと合図を出すドライバーって本当いやだな」（むしろその逆です）や、「ちゃんと合図を出さないドライバーって本当いいよな」（この例においてはアイロニーになるでしょう）といったことを言いたいわけではありません。むしろこのドライバーの発言は、文字どおりの正直な意見です。ただ、そのときの状況を説明したものではないというだけです。

　非アイロニー的サーカズムは、アイロニー的サーカズムのさまざまな装いをまとうことができます。先の例でいくと、いらだったドライバーの発言には、車の前に割り込んできたドライバーというアイロニーの標的、つまりれっきとした被害者がいます。このような発言にはしばしば誇張表現が用いられたり（「ちゃんと合図を出すドライバーって本当大好きだな」など）、付加疑問文のように修辞的に表現されることもあるかもしれません（「ちゃんと合図を出すドライバーって本当いいよな、そうじゃないか？」など）。ほかにもこうしたコメントには、言葉のアイロニーと関連づけられる口調が伴うのも一般的です（r-e-a-l-l-yのように単語を引き伸ばすなど）。また非アイロニー的サーカズムは、言葉のアイロニーと同じく、破られた肯定的な文化規範をエコーする場合もあります。晴天を期待するのと同様に、わたしたちは思いやりのあるドライバーをありがたいと思うものです。最後に、こうした発言では口調や意図が攻撃的になることもあれば、ユーモアを伴うこともあります。

　このような発言は，文字どおりではない発言と同じような解釈のされ方をする場合もあります。見方によっては，「ちゃんと合図を出すドライバーって本当いいよな！」という宣言は，ドライバーが「ぼくは酸素を吸っている！」という程度の情報でしかなく，無意味です。そのため，こうした発言はグライスの量の格率（必要とされる以上のことを言う）に違反しているとみられる可能性があります。しかし，グライスにならって，このいらだったドライバーも協力的な会話相手であるはずと考えるなら，同乗者は現在の文脈のなかでこの発言がちゃんと意味をなすように（たとえば次のような）含意を引き出すことができるでしょう。ここでドライバーが言いたいのは明らかに，「ちゃんと合図を出さないドライバーはすごくいやだ」ということです。このことを同乗者は，車両交通にまつわる一般的な知識や，ドライバーが急にブレーキを踏んだという事実，そのほか共通基盤から得られる推論（たとえば，このドライバーは運転中にいらいらしやすいなど）などによって導き出すことになります。

　これまで研究者は，実証対象として，非アイロニー的サーカズムにはあまり注目してきませんでした。非アイロニー的サーカズムと異なり，サーカズム的アイロニーの場合は，人々が実際の意味とは明らかに違うことを言うというような極端なケースを示します。こうした明らかに事実に反する発言のおかげで，この現象は文字どおりではない言葉の傘下に置かれ，そのほか

の言葉のあやとの共通点があることが示されます。そのため，サーカズム的アイロニーはメタファーやイディオムといった言葉のあやと一緒に心理学者や言語学者などの認知科学者の広範な研究対象となってきたのですが，非アイロニー的サーカズムはそうではなかったのです。

　非アイロニー的サーカズムがあまり注目されない別の理由に，本質的にはっきりとしない概念だからということもあるかもしれません。すでに見たように，それは言葉のアイロニーと家族的類似を有していて，同じサインも使っています。しかし，非アイロニー的サーカズムを愚弄，または冷笑するような発話と定義するなら，どうやってそうした発言をほかの近しい関係にある発話と確実に区別できるでしょうか。つまり，非アイロニー的サーカズム発言と，いたずらっぽい，小ばかにした，茶化した，軽薄な，ふざけた，あるいはからかうような発言とはどう違うのでしょうか。英語のような言語には文字どおりの否定的発言を表す用語がたくさんあり，それらを区別することは並大抵の難しさではありません。

　少し視野を広げてみると，非アイロニー的サーカズムに伴う困難はさらに増します。たとえば，ある書体をサーカズム的に用いることは可能でしょうか。たしかに，アイロニー用の書体といったもの自体もありません。ですが，Times New Romanで書かれた正式な法的文書の途中に，カジュアルな書体のComic Sansで書かれた段落がある場合を想像してみてく

ださい。書体によって，著者がその部分に対し，なんらかの意見を示していることがうかがえるでしょう。

　こうした理由から，多くの研究者がこの言語形式に深入りせずにきているのも無理はないでしょう。それに比べれば，事実に反する性質によってはっきりと識別できる言語形式であるサーカズム的アイロニーを解き明かして説明するほうが，まだ比較的容易なことなのです。しかし，わたしたちはいま，もう少し高みを目指すときなのかもしれません。ほんの数十年前まで，天文学者は太陽系について，ひとつの恒星に惑星と衛星が従っているものと考えていました。それがいまでは，カイパーベルト天体やオールトの雲など，はるか遠く離れたあらゆる天体もすべてこの太陽系に属するものだと知っています。同じように，サーカズムの領域と境界も定義が曖昧で広範囲に及びますが，それでもやはり研究する価値はあるはずです。

アイロニーの死

とりあえず，わたしの死亡記事がはなはだしく誇張されたものだということは言っておこう。
　── マーク・トウェイン，1897年，誤ったニュース記事について記者に返した言葉より

　9.11アメリカ同時多発テロを受けて，多くの著名人が立て続けに論調も内容も驚くほどそっくりな予言をしました。『エ

ンターテインメント・ウィークリー』誌とのインタビューで，ブロードウェイ・ブックス社の編集長のジェリー・ハワードは，「"アイロニー，2001年9月11日没"と刻んだ墓碑を誰かが建てるべきだと思う」と述べました。『タイム』誌に掲載されたロジャー・ローゼンブラットのエッセイには，「この恐怖によってもたらされてよかったことがひとつある。それは，アイロニーの時代の終わりを告げてくれたことだ」と書かれています。なかでもおそらく最も有名なのは，『ヴァニティ・フェア』誌の編集長だったグレイドン・カーターがニュースサイトInside.comのインタビューに答えて，「劇的な変化が起ころうとしている。これはアイロニーの時代の終焉だと思う」と断言したことでしょう。これらの発言をいまの2010年代末の視点から見ると，いくつかの疑問が浮かびあがってきます。そもそも9.11以前のアメリカは，アイロニーの時代だったのでしょうか。それは，同時多発テロによって本当に終わりを迎えたのでしょうか。それから，ハワードとローゼンブラットとカーターが言っていたのは，具体的にどのタイプのアイロニーのことだったのでしょうか。

　20世紀末のいわゆるアイロニーの時代とは，その頃に大衆文化のなかでアイロニー的態度が強い存在感を示したことを指しました。1998年に第9シーズンで幕を閉じた大人気コメディドラマ「となりのサインフェルド」は，そのアイロニー的感性のきわみだったといえるかもしれません。この番組に登場す

るのは，距離を置いた冷めた態度で，無関心で熱意に欠け，軽薄で，自分のことしか考えない，表面的な人物たちばかりでした。とはいえ，アイロニー的態度は決して小さなテレビ画面のなかだけの現象だったわけではありません。むしろそれは，第二次世界大戦以降のアメリカ文化の一部となって，広く芸術全般に自己言及や相対主義の精神を吹き込んでいたポストモダン的感性を反映したものだったのです。

アイロニー的態度は，9.11以前からよく批判の的となっていました。その好例として，テレビやフィクション作品におけるポストモダン的アイロニーについて述べた，1993年のデイヴィッド・フォスター・ウォレスによる評が挙げられます。彼は，コメディドラマのオーバーな感情表現をアイロニーっぽくしたりシニカルにしたりしたところでほぼ何もよくはならないとして，多くの人気番組で使われる自己言及的技法を強く批判しました。また1999年には，ジェデダイア・パーディというロースクールの学生が1冊の著書『当たり前なことのために』で，アイロニー的態度とそれを実践する人々を声高に攻撃して文化的な反響を呼びました。より大きな文化的な傾向もまた，アイロニー離れの兆しを見せていました。芸術における新誠意主義（ポストモダン的アイロニーやシニシズムからの脱却を目指した芸術思想）の運動が始まったのも9.11より前でしたが，同時多発テロによってそこに新たな目的と激しさが加わったように思われます。

205

　たしかに9.11の直後には，風刺家たちが何も発しなくなった時期もありました。以前は毒舌でよく知られたジョン・スチュワートやデイヴィッド・レターマンも，ほかの国民からいっとき取り残されてしまったように見えたものです。9.11後の48カ月のあいだに，アメリカは炭疽菌事件，アフガニスタンとイラクへの侵攻，アブグレイブ刑務所での残虐行為，ブラック・サイトと呼ばれる秘密軍事施設での拘留者への拷問，そしてハリケーン・カトリーナといった困難を経験しました。こうした事象にもかかわらず，あるいはむしろそのせいなのか，風刺やアイロニー的態度はそれまで以上に人気となりました。「ザ・デイリー・ショー」や「ザ・コルベア・レポー」などのバラエティ番組は，防衛メカニズム，つまりブッシュ政権の新保守主義による行き過ぎにも思える行動と折り合いをつけるための手段を視聴者に提供しました。2007年に『シック・アイロニック・ビターネス』を著したR・ジェイ・マギルに代表されるように，複数の研究者が，9.11に対するアメリカ政府の高圧的な反応は，アイロニー的態度と関連するシニシズムや無関心を増大させる働きをしたにすぎないと主張しています。

　さらに注目すべきは，アイロニーは定期的に繰り返し死を宣告されてきたということです。バラク・オバマが大統領に選ばれたすぐあとの2008年11月に『ニューヨーク・タイムズ』紙に掲載されたある記事には，アイロニーがふたたび死んでしまったかもしれないと書かれていました。変革を切に願い，

アイロニーは
定期的に繰り返し
死を宣告されてきました。

「希望」を抱くことは，アイロニーとはまるで正反対のことのように思われたのです。しかし，そのわずか4年後に同じ『ニューヨーク・タイムズ』紙に掲載された社説では，斜に構えて大衆とは一味違ったセンスを出そうとする人々や「蔓延するサーカズム」が激しく非難されました。どうやらアイロニーの死亡記事を書いたご意見番の面々は，またしてもはなはだしく大げさに言いすぎてしまったようです。それから2016年3月の『シカゴ・トリビューン』紙には，ドナルド・トランプの大統領選出馬は ―― もうおわかりですね ―― アイロニーの終焉を告げるものだと主張する記事が掲載されました。トランプは「先に風刺されてからやってくる」ので，風刺で彼をあざけろうとするのは無駄な努力でしかない，とその記事の筆者は書いています。この結論にきっとスティーヴン・コルベアは驚いたことでしょう。というのも，トランプの選挙キャンペーンから大統領任期中，彼を風刺し続けたコルベアの人気は急上昇したからです。

　R・ジェイ・マギルも社会学者のジェフリー・グーインも，2013年のそれぞれの論考のなかでともに，アイロニー的態度がアメリカ史においてずっと重要な役割を果たしてきたことを指摘しました。その実践者としてグーインが挙げた著名な人物には，ベンジャミン・フランクリン，トーマス・ナスト，マーク・トウェイン，スマザーズ・ブラザーズなどがいます。彼らは各自いろいろな方法で「権力者に言葉で真実を伝える」こと

—— 1955年にアメリカ・フレンズ奉仕団（クエーカー教徒の社会奉仕団体）によって初めて用いられたフレーズ —— を目指しました。ユーモア，風刺，パロディはどれも非暴力的抗議の有効な手段となります。そしてこれまで見てきたように，言葉のアイロニーはそれらすべてにとっての強力な道具なのです。

　最後に，アイロニー的態度がよく若者と結びつけられることにも注目しておくべきでしょう。このような考え方や話し方に初めて触れたときは，きっとそれが反体制的かつ刺激的で，権力者相手に利用できる強力な新たな武器のように思えるのかもしれません。ロバートソン・デイヴィスは『狡猾な男』のなかで次のように書いています。「若者が人生で初めてアイロニーを知ったときというのは，まるで初めて酒に酔ったときのようなものなのかもしれない。どう扱えばよいかわからないすごいものに出会った感じだ」。かつてロバート・ハインラインは，どの世代もそれぞれ自分たちがセックスを発明したと信じていると書きました。これと同じことが，アイロニーにもいえるのかもしれません。もしそうなら，アイロニー的態度はまるで「シュレーディンガーの猫」のように，生きていると同時に死んでいると考えられます。歴史のどの瞬間においても，若者によって利用されると同時に年配者には非難される，これぞアイロニー的態度のパラドックスというものかもしれません。

　このように，アイロニー的態度は今後も安泰なのかもしれません。ですが，まとまった概念としてのアイロニーの未来は，

ユーモア，風刺，パロディは
どれも非暴力的抗議の
有効な手段となります。
そしてこれまで見てきたように，
言葉のアイロニーは
それらすべてにとっての
強力な道具なのです。

そこまで確かなものではないかもしれません。

アイロニーは厄介な「スカンク語」になる運命？

アイロニーとなると，定義言語は困難におちいるようだ。

―― ポール・ド・マン，『アイロニーの概念』(1977)

　言葉は時とともに変化するものです。単語の発音も変われば，文法のような基本部分も変化します。英語で仮定法が消滅しかかっていることが，そのよい例でしょう。いまだに "If John were here, he could fix it." (もしジョンがここにいれば，なんとかしてくれるのに) などと言う人はもうほとんどおらず，動詞を名詞に合わせる (If John was here) ほうが好まれるようになっています。同じように，単語の意味もやはり時とともに変わることがあります。インターネットは，いまやそうした変化を代わりに追跡してくれる便利な手段となっています。言葉に変化が起こると，それをうながしたり，「適切な」用法を解説したりするウェブページが相次いで登場します。もし，このような手引きが言葉の炭鉱におけるカナリアのように働いて，変化が起きそうだと予告するものだとすれば，「アイロニー」と「サーカズム」についての議論がネット上で急増している現状は，これらの用語の意味に変化が起こりつつあることを暗に示しているのかもしれません。

　アイロニーの場合，変化はとりたてて驚くことでもないでし

ょう。第2章でも見たように，この用語はこれまでも多くの異なる現象に用いられてきました。言葉のアイロニーでさえ，ユーモアや攻撃性など，明らかに異なる会話目的と結びつけられるようになっています。ある発言がアイロニーかサーカズムかという絶え間なく繰り返される議論からも，かなりの混乱があることがうかがえます。またアイロニーの概念は，文学批評の領域でも進化し続けています。このことは，ポール・ド・マン（1919〜1983）の作品に最も顕著に表れています。彼は，「脱構築の概念と実質的に一致するもの」としてアイロニーという語を用いました。しかし，用語が原形もとどめず拡張されて異なる意味をあれこれと包括するようになったら，あるいは，ある言葉の意味について人々の意見が一致していないようなら，いったいどうなるのでしょうか。考えられるのは，まるでスカンクのように鼻つまみ者扱いされる運命です。

「スカンク語」という概念は，ブライアン・ガーナーによって，彼の英語用法ガイド2009年版のなかで初めて提唱されました。彼はある意味から別の意味へと移行中の言葉を指すのに，このフレーズをつくりました。そうした言葉は，ある一定期間，その「正しい」意味について論争が繰り広げられることになります。何年も何世紀も続くかもしれないこの期間，単語の元の意味にこだわる規範主義者と，新しい用法にあまり抵抗のない人々とが衝突することになります。

例として，ガーナーはhopefullyとdecimateという語の歴

史を引き合いに出しています。どちらも以前は，いま話されて
いるよりもっと限定された明示的な意味 —— それぞれ「期待を
もったやり方で」，「10％を殺す」という意味 —— をもった単
語でした。ガーナーの考えでは，より新しい，または広義の
意味は時間とともに5つの段階を経て受容されていくといい
ます。つまり，まずは「拒絶される」，次に「敬遠される」，そ
れから「広がりはしたものの，通ぶった人からは拒絶される」，
さらに「ほぼ普通になったものの，頑なに抵抗したがる少数に
はまだ疑問視される」，そして「すべての人から完全に容認さ
れる」という5段階です。このような移行の途中段階では，一
般大衆が用語の新しい意味を速やかに受け入れていくのに対
し，純粋主義者はそうした人々をよくて無知，ひどければ言葉
を汚辱する者と考え，憤慨します。一方，言葉に対して寛容な
人々は，伝統的な用法にこだわる人々を古くさく時代遅れと思
うでしょう。要するに誰も幸せではないので，しまいにはみん
なしてその特定の用語の使用を避けるという事態になりかねま
せん。まさに鼻つまみ状態です。

　たとえば，decimateが「10％だけを殺す」に代わって「多
くを滅ぼす」という意味になっているように，すでに負けの決
まった論争であったものについては，その用語がいずれまた復
活することもあるかもしれません。一方で，怒りを呼びそう
な現在進行中の変化もたくさん見られます。surreal（シュー
ル）とは，かつてはシュールレアリスム運動から生まれた芸術

や文学を特に指す言葉でしたが，いまでは奇妙だったり奇怪だったりすることを何でも指すものとして用いられるようになっています。kafkaesque（カフカ的）も，同じように意味が拡大されるようになりました。random（ランダム）はもはや確率論での居場所を失い，妙だったり予測できなかったりする事象に用いられることが多くなっています。「畏敬の念を起こさせるような」というawesomeが「すごい」，「指数の」を意味するexponentialが「急激な」という意味で使われるようになっていることなどもよい例でしょう。それから，おそらく最も異論が多いのは，"I literally thought my head would explode."（まるで頭が爆発するかと思った）のように（辞書にこの意味が加わっているのを見て，よくこんな状態になる人がいるようです），本来は「文字どおり」の意味であるliterallyがfiguratively（比喩的に）の同義語となっていることでしょう。単語は，しばしば限定的な意味から一般的な意味へと変わっていくものです。昔からそういうものなのです。

　アイロニーについては，用法が拡大しすぎたあまり，意図したい意味がしばしば曖昧になっているといえるでしょう。第5章で見たように，この語は偶然の一致やパラドックス，風刺，パロディの同義語として使われることがあります。さまざまな形をしたアイロニーにはこれらの概念すべてと重複する部分があるため，ある程度入れ替えて使えるとしても別に意外ではありません。さらに，アイロニーという語は単に奇妙なこと，な

じみのないこと，ただ悲痛なことを指すのにも用いられます（前に説明したアラニス・モリセットの代表作をめぐる議論を思い出してみてください）。そして，9.11後に相次いだアイロニーの死の主張からは，多くの人にとってアイロニーが世間に対するばかにしたような，軽薄な，ふざけたものの見方と同義語になっていることがうかがえます。言い換えれば，「アイロニー」という語が修飾語なしに使われた場合，言葉のアイロニーや状況的アイロニーを指す，より伝統的な意味から離れてしまったということなのかもしれません。いまや多くの人にとって，アイロニーとは何よりまずアイロニー的態度を指すようになっているのです。ほかにも，思わぬ幸運や，まぐれな出来事，カルマの同義語として用いる人もいます。

　では，言葉のアイロニーについてはどうでしょうか。早くも2000年には言語学者のジェフリー・ナンバーグが，以前は言葉のアイロニーに占められていた領域がサーカズムに取って代わられつつあることを指摘していました。大衆文化のなかにアイロニー的態度が定着するようになると，サーカズムは「敵対的」「攻撃的」といった評判をいくらか失い，代わりにユーモア，なかでも距離を置いたような洗練されたセンスを反映したユーモアとより結びつけられるようになったようです。つまり，サーカズムはクールなものとなり，いまでは望ましい性格的特徴と考えられています。この変化がよくわかる好例として，2018年11月発行の『ワシントン・ポスト』紙に大衆文化担当

編集者のザカリー・ピンクス＝ロスが寄せたコラムがあります。そこには，マッチングアプリのなかで，理想の相手に「サーカズムのセンスは必須」といったように，サーカズムが望ましい条件として使われる言葉になってきていると書かれています。

　すでに見てきたように，「アイロニー」や「サーカズム」といった用語がシンガーや政治家に誤った使い方をされているようだと知ると，専門家たちはその伝統的な意味をさかんにもち出してきます。これはつまり，この二つの語がガーナーの言語変化の理論でいうところの第2段階にすでに達したということなのかもしれません。ですが，だからといってこれらの語はこのままスカンク語になってしまうのでしょうか。そして，どちらの用語も言葉の流行から外れていくのでしょうか。ガーナーによると，このような意味の変化は数十年ほどかけてゆっくりと進んでいくこともあるため，言葉について予測を立てるのは難しいと言います。とはいえ，サーカズムについては否定的な印象がなくなり，もしかしたらこのまま近接する領域を奪い続けていくかもしれません。その結果，アイロニー自体がスカンク語になってしまう可能性もあります。これこそまさに，アイロニックな展開というものではないでしょうか。

用語集

アイロニー的態度（Ironic attitude）
無関心やシニシズムを（たいていは）装った態度。洗練されているように，あるいは都会的に見せようとする人々に関連づけられることが多い。

安定したアイロニー（Stable irony）
意図的に使用され，意味または解釈がはっきりしているアイロニー的な発言。

宇宙的アイロニー（Cosmic irony）
邪悪な超自然的な力，あるいは冷淡な宇宙によって登場人物の希望や欲望が阻まれることを指す文学用語。

運命のアイロニー（Irony of fate）
宇宙的アイロニーの別用語。

エコー（Echoes）
他者の意見や予測をおうむ返しにするサーカズム的発言，または文化的な規範や期待を思い起こさせること。

含意（Implicature）
発言の内容と協調原理とのあいだの見かけ上の矛盾を解消する，文脈に固有の推論のこと。

協調原理（Cooperative principle）
効果的にコミュニケーションをとるために，人は誠意をもって協力し合っているものだという暗黙の信念を指すH・ポール・グライスの用語。

共通基盤（Common ground）
二人のあいだで共有している（また共有していることを互いに知っている）知識，信念，態度。

劇的アイロニー（Dramatic irony）
劇作品において，登場人物よりも観客のほうがより多くのことを知っているときに生まれる心理的緊張。

心の理論（ToM; Theory of mind）

他者の考えを理解できる能力。また，人が他の人の考えをどう思っているかについて推察できる能力。

言葉のアイロニー（Verbal irony）

ある人の本当の意見や感情とは異なる—ときには正反対の—発言。

サーカズム（Sarcasm）

言葉のアイロニーの一種。典型的には，ある特定の人物や集団を辛辣に愚弄するように発せられる。

修辞的アイロニー（Rhetorical irony）

言葉のアイロニーの別用語。

状況的アイロニー（Situational irony）

二つのまったく異なる概念や事象が並置されることによって，不条理や不調和な感覚，悲痛などの感情が生まれること。しばしば偶然の一致と混同される。

情動反応の非対称性（Asymmetry of affect）

言葉のアイロニーやサーカズムは，否定的よりも肯定的な情動反応や評価を伴う傾向にあるという観察。

推論可能性（Inferability）

人は相手のコミュニケーションの意図を正しく理解できるだろうという信念。

センチメント分析（Sentiment analysis）

オンラインコンテンツを収集分析することで，客やクライアントやその他の社会集団の潜在的な態度や感情を割り出すこと。

ソクラテス的アイロニー（Socratic irony）

あるトピックについての相手の思い込みや誤った考えを引き出すために無知を装うこと。

内集団（Inner circle）

ある特定の言葉のアイロニーを理解し，共感できる選ばれた人々の集団を指すH・W・ファウラーの用語。

パラドックス（Paradox）

なんらかの矛盾を伴う状況や発言。しばしば状況的アイロニーの同義語として

用いられる。

パロディ（Parody）
別の作者の作品や文章のスタイルを意図的に模倣してユーモアや冷やかしを生み出す文学ジャンルの一種。

被害者（Victims）
言葉のアイロニーの標的となる特定の個人または集団。

悲劇的アイロニー（Tragic irony）
劇的アイロニーの別用語。

不安定なアイロニー（Unstable irony）
曖昧だったり，解釈のしにくいアイロニー的発言。

風刺（Satire）
ある信念をもつ人々に対する批判を目的として，そうした信念をもたない人があたかもその見解を支持しているかのように装う広範な行為。

非標準的アイロニー（Noncanonical irony）
肯定的な結果に対して否定的な評価をすること。アイロニー的侮辱。責めることで褒めること。

標準的アイロニー（Canonical irony）
否定的な結果に対して肯定的な評価をすること。アイロニー的称賛。褒めることで責めること。

文脈の崩壊（Context collapse）
多様な社会集団を均一化してひとつのものとすること（ツイッターなど）。その結果，選択的にある特定の自己提示をするのが困難になること。

文字どおりではない言葉（Nonliteral language）
単語やフレーズの文字どおりの意味からは推測できない意味を含む発言。慣用句，暗喩，言葉のアイロニーなど。

文字どおりの言葉（Literal language）
追加の文脈やさらなる推論がなくても理解できる明白な発言。

歴史的アイロニー（Historical irony）
もともと文字どおりの発言が，あとに続く事象によって状況的アイロニーに変えられてしまうこと。

ロマン主義的アイロニー（Romantic irony）
もともとは著者が文学作品のなかに入り込むこと。現在ではより広く，俳優が役から抜け出て自己認識を提示することを指すのにも用いられる。

著者

ロジャー・クルーズ／Roger Kreuz

メンフィス大学教養学部教授兼副学部長。プリンストン大学で認知心理学の博士号を取得。談話，語用論，言葉のアイロニーに関する研究は，ウォール・ストリート・ジャーナル紙とワシントン・ポスト紙で報告された。リチャード・ロバーツとの共著に，第二言語学習，異文化コミュニケーション，言語と加齢に関するものがある。

監訳者

小泉有紀子／こいずみ・ゆきこ

山形大学学術研究院准教授（人文社会科学部グローバル・スタディーズコース）。東京大学文学部（英語英米文学）卒業，University College London（ロンドン大学ユニバーシティ・カレッジ）言語学修士課程，City University of New York（ニューヨーク市立大学）大学院博士課程（言語学）修了。専門は英語学，なかでも語用論，心理言語学，英語教育。

訳者

風早柊佐／かざはや・ひさ

栃木県出身。明治学院大学大学院文学研究科芸術学専攻博士後期課程修了。大学の非常勤講師や翻訳関連の仕事を経て，翻訳者を志すようになる。訳書に『愛というの名の罪』（二見書房）などがある。

IRONY AND SARCASM
ROGER KREUZ

「皮肉」と「嫌み」の心理学

2021 年 5 月 15 日発行

著者	ロジャー・クルーズ
監訳者	小泉有紀子
訳者	風早柊佐
翻訳，編集協力	株式会社 ラパン
編集	道地恵介，鈴木ひとみ
表紙デザイン	岩本陽一
発行者	高森康雄
発行所	株式会社 ニュートンプレス
	〒112-0012　東京都文京区大塚 3-11-6
	https://www.newtonpress.co.jp

© Newton Press 2021 Printed in Korea
ISBN 978-4-315-52370-6